Administración de
EMPRESAS Teoría y práctica

Administración de EMPRESAS Teoría y práctica

PRIMERA PARTE

AGUSTIN REYES PONCE

*Director de la Escuela de Administración
de Empresas en la Universidad Ibero
Americana y Consultor de Empresas*

LIMUSA
NORIEGA EDITORES
MÉXICO • España • Venezuela • Colombia

Prólogo

Quizá pueda parecer inútil un nuevo libro sobre teoría de la administración de empresas, cuando a diario aparecen tantos en inglés, en traducciones más o menos admisibles, y aun comienzan a surgir otros de prestigiados y estudiosos mexicanos.

La justificación principal de este modesto trabajo, quizá pueda encontrarse en el hecho de que no es totalmente nuevo: de hecho, su fundamento básico comenzó a surgir el año de 1953, como apuntes para mis alumnos en la clase de Principios de Administración en la carrera de Relaciones Industriales que ese año nacía en la Universidad Iberoamericana. Bastaría con cotejar los capítulos de este libro, con los apuntes mimeográficos editados ese año, para verificar que, de hecho, subsisten la misma estructura, los mismos principios fundamentales y aun la misma disposición de la materia, aunque ampliada a proporciones como las que puede guardar un árbol, aunque sea modesto, con el arbusto que se plantó: sin embargo, puede reconocerse éste en aquél.

Precisamente, el hecho de ese aumento paulatino, pero constante, es el que me impidió presentarlo en forma de libro, como lo habría deseado desde hace mucho tiempo. Cada año pensaba que había que añadirle algo nuevo, porque el dinamis-

5

mo de esta disciplina lo imponía. Eso nuevo, no era solamente lo adquirido en el estudio de libros, sobre todo americanos, de nueva aparición, sino, principalmente quizá, lo descubierto en mi trabajo de consultoría de empresas y en la preparación y exposición de mis clases.

El contenido de este libro, aunque con una importante adición e innovación hecha al fondo usual de mis apuntes, para presentarlos con carácter de libro, es ya de suyo familiar a cerca de dos mil alumnos que he tenido el honor de que pasaran por mis clases en la Universidad Iberoamericana, en la Universidad Nacional Autónoma de México, en el Instituto Politécnico Nacional, en la Universidad de Puebla, y, aunque en forma mucho más reducida, en el Instituto Tecnológico y de Estudios Superiores de Monterrey, donde he tenido el honor de ser invitado como profesor huésped, y en pequeños cursos o ciclos de conferencias impartidas en las Universidades "Benito Juárez" de Oaxaca, de Hermosillo, de Guanajuato, etc. Además, ha sido para mí un honor, aunque lo considere inmerecido, que mis apuntes hayan sido usados como texto por varios profesores de la Universidad Nacional Autónoma de México, de la Universidad de Monterrey, de la de Puebla, de la de Oaxaca, etc.

No creo que lo anterior se deba más que a lo siguiente: estos conceptos no son, de ninguna manera, una traducción, ni siquiera el trasplante de las ideas de autores americanos sobre la teoría de la administración. Ha sido mi preocupación pensar cómo debe ser la administración como teoría, sobre la base de nuestras características peculiares, y dentro de la metodología propia de un trabajo hecho para México y otros países latinoamericanos afines, con nuestra indiscutible tendencia a ahondar en el terreno de lo teórico y con nuestras limitaciones en el terreno de lo práctico. Evidentemente, para contestar esas preguntas, he acudido a los grandes autores de la administración, clásicos y modernos, pero sin esforzarme por seguir las ideas de ninguno de ellos en particular. Más bien puede decirse que he procurado usar sólo las que son comunes a todos ellos. En los puntos de divergencia, he procurado tratar de resolver por mí mismo el problema.

El libro no pretende ser una disquisición filosófica sobre la esencia misma de la administración. Reconociendo el valor de esta posición, la he considerado poco útil para los alumnos que inician una carrera de aplicación práctica. Tampoco busca ser, por el contrario, un agregado de recetas de cocina o mera explicación de instrumentos administrativos. Es más bien el conjunto de los principios y, sobre todo, de las reglas de la administración, lo que me ha interesado buscar, pero tratando siempre de encuadrarlas dentro de un enfoque y estructura orgánicos y científicos, y tratando de lograr el mayor equilibrio posible entre lo teórico y lo práctico.

He evitado, hasta con un poco de repulsión, lo confieso, un enfoque de mera erudición: el solo transcribir lo que dicen sobre cada tema, y cómo definen cada parte, los autores de la administración: esto me parece poco didáctico para quienes lo que buscan, es saber administrar.

De todo lo anterior se deduce que mi libro, dentro de sus modestas proporciones, sólo busca llenar un poco mejor el papel que mis apuntes mimeográficos han tratado de llenar durante trece años para los alumnos: orientar sus mentes hacia lo que es la administración, cómo se estructura, y cómo se aplican sus principios y reglas fundamentales. Otros tratados de especialistas, incluyendo uno que tengo en preparación sobre la Administración del Personal, expondrán en detalle cada una de las partes fundamentales de la administración.

La naturaleza misma del libro lo hace también útil, en mi opinión, y basándome en el hecho de los numerosos casos en que funcionarios de empresas solicitaban mis apuntes, para quienes trabajan en éstas.

He puesto un cuestionario al fin de cada capítulo, tratando de estimular, no tanto la mera memorización de lo que el mismo capítulo contiene, cuanto la reflexión del alumno, que le sirva para completar y ampliar los temas expuestos en clase.

He añadido al final de cada capítulo, una lista de lecturas selectas, que permitan al alumno o al lector, complementar con otros tratados, la materia, y, sobre todo, poder comparar mis puntos de vista personales con los de otros autores, para que después de una visión más orgánica de cada parte de la administración, pueda hacer sus propias síntesis y enfoques, como es propio de un estudio de nivel universitario.

Si este modesto esfuerzo pudiere tener, por lo menos, la aceptación que durante trece años ininterrumpidos he tenido la suerte de que lograran mis apuntes mimeográficos, me consideraría muy satisfecho. Pero, quisiera aclarar que, soy el primero en reconocer todas las inmensas posibilidades de ampliación y las limitaciones y defectos positivos que este trabajo ciertamente tiene.

Espero que, así como los apuntes crecieron y se complementaron de año en año, este modesto estudio pueda, en posterior edición, llenar las lagunas y corregir los defectos con los que aparece por primera vez.

AGUSTÍN REYES PONCE

Contenido

Administración de
EMPRESAS Teoría y práctica

CAPITULO I

Concepto de la administración

SUMARIO

Su definición nominal.—Su objeto.—Su finalidad.
—Sus etapas.—Su carácter técnico.—Definición
real.—Comparación con otras definiciones.—Características de la Administración.—Su importancia.

SU DEFINICION NOMINAL

Cuando queremos conocer algo adecuadamente, el medio principal es la definición de esa cosa. Sirven para complementarla, el estudio de las especies que de la misma cosa puedan darse, sus relaciones con aquellas otras que se le asemejen y, por fin, las partes o elementos de que se compone.

Por esta razón, tras de buscar en este primer capítulo definir la Administración, estudiaremos en los siguientes sus especies, sus relaciones, y los elementos, que integran ese fenómeno tan interesante —sobre todo en estos momentos— que es la Administración.

Definición etimológica

La definición de algo puede ser nominal o real, según que se investigue el significado de la palabra con que esa cosa se designa, o directamente lo que la cosa es en sí misma.

La definición etimológica es la forma más usual de la definición nominal, o sea, la explicación del origen de la palabra con que se designa aquello que se estudia, valiéndonos para ello de los elementos fonéticos que la forman. De esa manera suele encontrarse el "verdadero" (étimos) significado de esa misma palabra y del concepto que expresa.

La palabra *"Administración"*, se forma *del prefijo "ad"*, hacia, y de *"ministratio"*. Esta última palabra viene a su vez de *"minister"*, vocablo compuesto de *"minus"*, comparativo de inferioridad, y del sufijo *"ter"*, que sirve como término de comparación.

La etimología de minister, es pues diametralmente opuesta a la de *"magister"*: de *"magis"*, comparativo de superioridad, y de *"ter"*.

Si pues "magister" (magistrado), indica una función de preeminencia o autoridad —el que ordena o dirige a otros en una función—, "minister" expresa precisamente lo contrario: subordinación u obediencia; el que realiza una función bajo el mando de otro; el que presta un servicio a otro.

La etimología nos da pues de la Administración, la idea de que ésta se refiere a una función que se desarrolla bajo el mando de otro; de un servicio que se presta. *Servicio* y *subordinación*, son pues los elementos principales obtenidos.

Uso de la palabra Administración

El empleo que de la palabra han hecho los técnicos en la materia, en razón de tratarse de una disciplina que, como tal, es de reciente estudio, y está aún en pleno período de formación, ha sido muy variable: casi nos atrevemos a decir que caótico. Para demostrar lo anterior, bastaría citar el hecho de que aún se discute por algunos si la administración es una parte de la organización, o viceversa.

Sin embargo, de las definiciones dadas por los principales autores en Administración, podremos deducir sus elementos básicos.

E. F. L. Brech: "Es un proceso social que lleva consigo la responsabilidad de planear y regular en forma eficiente las operaciones de una empresa, para lograr un propósito dado".

J. D. Mooney: "Es el arte o técnica de dirigir e inspirar a los demás, con base en un profundo y claro conocimiento de la naturaleza humana". Y contrapone esta definición con la que da sobre la organización como: "la técnica de relacionar los deberes o funciones específicas en un todo coordinado".

Peterson and Plowman: "Una técnica por medio de la cual se determinan, clarifican y realizan los propósitos y objetivos de un grupo humano particular".

Koontz and O'Donnell: consideran la Administración como: "la dirección de un organismo social, y su efectividad en alcanzar sus objetivos, fundada en la habilidad de conducir a sus integrantes".

G. P. Terry: "Consiste en lograr un objetivo predeterminado, mediante el esfuerzo ajeno".

F. Tannenbaum: "El empleo de la autoridad para organizar, dirigir, y controlar a subordinados responsables (y consiguientemente, a los grupos que ellos comandan), con el fin de que todos los servicios que se prestan sean debidamente coordinados en el logro del fin de la empresa".

Henry Fayol (considerado por muchos como el verdadero padre de la moderna Administración), dice que "administrar es prever, organizar, mandar, coordinar y controlar".

Se ha hecho corriente, diremos por último, la definición breve de la Administración como "la función de lograr que las cosas se realicen por medio de otros", u "obtener resultados a través de otros".

Análisis objetivo

Aunque en las definiciones precedentes fácilmente puede observarse un fondo común, creemos preferible que, orientados por ellas, analicemos *objetivamente* los *hechos* comúnmente admitidos y como esenciales en nuestro análisis de todo fenómeno administrativo.

De esa manera, la definición que propongamos, podrá responder mejor a la realidad, al mismo tiempo que aprovechar lo investigado por los diversos autores.

SU OBJETO

¿Sobre qué recae la Administración? ¿En qué medio puede darse solamente?

Es indiscutible que quien realiza por sí mismo una función no merece ser llamado "administrador". Pero desde el momento en que delega en otros, determinadas funciones, siempre que estas funciones se realizan en un *organismo social*, dirigiendo y coordinando lo que los demás realizan, comienza a recibir el nombre de administrador.

Ahora bien: la experiencia nos enseña —y los estudios sociológicos se encargan de justificar esta apreciación— que el hombre se agrupa en sociedad, principalmente por su insuficiencia para lograr todos sus fines por sí solo.

La sociedad, —esto es, "la unión moral de hombres, que en forma sistemática coordinan sus medios para lograr un bien común— es, por lo tanto, el objeto sobre el que recae la Administración. Precisamente, el elemento "coordinación sistemática de medios", es el que exige el concepto de la Administración en toda sociedad.

El primer hecho analizado, de naturaleza sociológica, nos da como elemento para formar la definición el siguiente: la Administración se da necesariamente en *UN ORGANISMO SOCIAL.*

SU FINALIDAD

De lo dicho antes se deduce que, al buscar el hombre satisfacer sus necesidades en la sociedad, lo hace con la mira inmediata de lograr esto a través del mejoramiento de una serie de funciones que él solo no podría realizar, o bien, que lograría más imperfectamente.

Pero lo social no sólo suma, sino que multiplica —a veces en forma insospechada— la eficacia de la energía individual. Baste con recordar, v.gr.: la casi milagrosa capacidad que la industria moderna, sobre todo en el trabajo en serie, tiene para conseguir con la unión de varios miles de hombres debidamente organizados y dirigidos, no el número de unidades sumadas que cada uno de ellos podría producir en un tiempo determinado, sino un número infinitamente mayor.

Pero es también evidente que "entre las diversas formas de organizar y aprovechar el trabajo de esos hombres, habrá algunas mejores que otras".

Así, v.gr.: determinadas formas de dividir el trabajo, pueden ser más eficientes que otras; algunos sistemas de controlar las actividades, pueden dar mejores resultados; entre las formas de establecer y cuidar la disciplina o de dar órdenes, habrá algunas que sean más efectivas; determinadas formas de hacer planes, pueden ser más realistas, etc.

Lo anterior indica que, entre las formas de coordinar las personas y las cosas que forman una empresa, *y precisamente en razón de la manera en que se les coordine,* se obtendrá mayor o menor eficiencia, independientemente de la eficiencia que sea resultado del tipo de maquinaria, de la bondad de los sistemas de producción, de la capacidad del mercado, del monto del capital disponible, etc., ya que esa coordinación, no sólo aprovecha mejor y multiplica la eficiencia de cada elemento, sino que, sin ella, cada una de esas eficiencias particulares sería inútil, o, por lo menos insuficientemente aprovechada.

Esto significa que la coordinación, traducida en concreto en la *forma como se estructure y maneje una empresa* está también sujeta a la ley de la máxima eficiencia, y que existen *reglas y técnicas específicas para lograr esa máxima eficiencia de la coordinación.*

La Administración busca en forma directa precisamente *la obtención de resultados de máxima eficiencia en la coordinación,* y sólo a través de ella, se refiere a la máxima eficiencia o aprovechamiento de los recursos materiales, tales como capital, materias primas, máquinas, etc.

El buen administrador no lo es precisamente por ser buen contador, buen ingeniero, buen economista, buen abogado, etc., sino por cualidades y técnicas que posee específicamente para coordinar a todos esos elementos en la forma más eficiente.

La coordinación es considerada por ello, como la esencia misma de la Administración, por la mayor parte de los autores de importancia.

Co-ordinar, implica el ordenamiento simultáneo y armonioso de varias cosas. Supone, por lo mismo, que hay diferentes personas, y medios diversos, orientados todos ellos a la realización de un fin único. Ya explicamos que, independientemente de la bondad mayor o menor de cada uno de esos medios, la forma misma de agruparlos, de estructurarlos, de combinarlos, de ordenarlos, simultánea o sucesivamente, en una palabra, de "co-ordinarlos", está sujeta a reglas, y de esa coordinación depende la eficacia de los resultados, en algunos casos, quizá en mayor proporción que de la bondad de cada medio.

Hay conceptos similares al de coordinación o relacionados con ella v.gr.: "cooperación". Pero éste se fija más bien en la "operación" o acción conjunta, parece poner el énfasis en la actividad individual o parcial, en tanto que la coordinación lo pone en el resultado y en la estructuración misma de las cosas y acciones.

Otro término usado a veces en forma equivalente al de Administración es el de "dirección"; pero ésta es más bien uno de los elementos, necesarios y principales, pero no totales, de la coordinación. Como afirman enfáticamente Koontz and O'Donnell "ninguna orden para coordinar es capaz de realizar la coordinación por sí sola".

Un término equivalente, es el de "manejo" poco usado en español, pero que en realidad es la traducción directa de la palabra "management". Pero esta palabra, en nuestro idioma tiene el grave defecto de no ser apropiada para las personas, ya que éstas se dirigen, se coordinan, o se administran, pero no se manejan.

Insistimos en que el término de "coordinación", es el que responde mejor a la esencia de la Administración, porque abarca:

a) La acción de quien está administrando: como después demostraremos más detenidamente, en tanto administra, en cuanto coordina.

b) La actividad misma que resulta de la administración, o en la que ésta se traduce: ya se hagan planes, ya se dirija o mande, ya se organice, etc., en el fondo siempre se están coordinando cosas, acciones, personas, fines, intereses, etc.

c) Sobre todo, el fin perseguido; tratándose de lo que tiene naturaleza práctica, como ocurre en la Administración, el fin debe ser, a nuestro juicio, decisivo: lo que se busca al administrar, es obtener coordinación. Por eso, los términos dirección, manejo, cooperación, etc., nos parecen insuficientes: todos ellos son meros medios, instrumentos, etc. para obtener la coordinación; no se coordina para dirigir, sino que se dirige para coordinar.

SUS ETAPAS

Dos fases en la vida social

Si observamos cómo se desarrolla la vida de todo organismo social —y principalmente la de aquellos que, como la empresa, forma el hombre libremente— podemos distinguir dos fases o etapas principales. La comparación con lo que ocurre en la vida de los organismos físicos podrá aclararnos mejor estas dos fases ya insinuadas en el número anterior.

La primera etapa en todo organismo es la de *estructuración* o *construcción* del mismo. En ella, partiendo de una célula, se van diferenciando los tejidos y órganos, hasta que se llega a integrar el ser en toda su plenitud funcional, apto ya para el desarrollo normal de las actividades o funciones que le son propias o específicas.

La segunda etapa es aquella en la que, ya totalmente estructurado el organismo, desarrolla en toda su plenitud las *funciones, operaciones o actividades* que le son propias, en toda su variada, pero coordinada complejidad, que tiende a realizar la vida de ese organismo.

Cosa semejante ocurre en un organismo social: en su primera etapa, partiendo de la iniciativa de uno o pocos hombres, todo se dirige a la estructuración de ese organismo social; cuando está debidamente estructurado, hay una segunda etapa, de suyo indefinida, que consiste en la operación o funcionamiento normal del mismo, para lograr los fines propuestos.

Distinción predominantemente conceptual

Lo anterior no significa que la distinción entre las dos fases señaladas sea perfecta, ni se dé tajantemente en la realidad, sino más bien que es lógica, con el fin de estudiar mejor cada aspecto separadamente, como ocurre en otras muchas disciplinas, v.gr.: la distinción entre anatomía y fisiología, táctica y estrategia, analogía y sintaxis. etc. *Representa más bien la distinción de dos aspectos o enfoques de una realidad de suyo indivisible.*

Así como en el organismo físico la época de formación supone también operaciones y funciones, en la etapa de estructuración o creación de una sociedad cualquiera, existen operaciones funcionales, y por cierto de enorme rapidez. Pero, con todo, en esta etapa *predominan* el criterio y los problemas propios de la *estructuración.*

Y de la misma manera, así como un organismo físico, aunque esté totalmente formado, tiene siempre que estarse adaptando a las necesidades cambiantes del medio, sea para reparar pérdidas, combatir enfermedades, etc., en un organismo social, que se encuentra en su período normal de operación, es indispensable estar reestructurando constantemente determinado departamento, agrandarlo, readaptarlo a nuevas necesidades o posibilidades, substituir elementos que han salido de él, etc. Pero con todo, en este período *predominan* el aspecto y los problemas de *índole operativa o funcional*, sobre los de naturaleza creativa o estructural.

Dos aspectos

El estudio de estas dos etapas distintas, tiene como fin principal comprender mejor *dos aspectos diversos:*

1) *Cómo deben ser* las relaciones que se dan en un organismo social, y
2) *Cómo son de hecho* esas mismas relaciones.

Urwick ha dicho en su libro "La teoría de la organización" que una teoría sobre la materia es posible tan sólo si somos capaces de distinguir entre estos dos aspectos, que él llama *Mecánica* y *Dinámica* de la Administración.

En lo que él denominó la Mecánica Administrativa, o sea los aspectos de estructuración, se trata de "cómo deben ser las relaciones". Mira siempre hacia el futuro, inmediato o remoto, pero siempre hacia algo que "debe hacerse".

En la Dinámica Administrativa, o sea en lo que es ya operacional, se busca "cómo manejar de hecho los hombres y los bienes" que forman un organismo social. Mira hacia lo inmediato y factual.

Los dos aspectos de la Administración, se refieren por lo tanto a *LAS FORMAS DE ESTRUCTURAR Y DE OPERAR* un organismo social, o sea, a su coordinación teórica y práctica.

SU CARACTER TECNICO

De lo expresado hasta aquí se deduce que la Administración consiste fundamentalmente en *"cómo lograr la máxima eficiencia de la coordinación".* Debe ser, por lo tanto, un conjunto de reglas: es pues una técnica o un arte.

Existen sin embargo dos opiniones extremas entre las que se halla la posición que aquí adoptamos: la primera es la que la considera como una ciencia; la segunda, la que pretende que es algo meramente empírico, que sólo se adquiere por la experiencia.

La Administración no es quizá ciencia todavía

A menudo se habla de la "Administración científica". Quienes le dan el carácter de ciencia, suelen hacerlo fundados en el supuesto de que todo conocimiento sistematizado es una ciencia.

Pero, cualquiera que sea el concepto epistemológico que sustentemos, en la práctica pueden señalarse estas diferencias entre las ciencias y las técnicas:

a)   La ciencia tiene como objeto el valor *"verdad"*; en tanto que la técnica busca la realización del valor *"utilidad"*. Al científico le interesa saber "lo que es", "sea útil, inútil, o hasta inconveniente", sin pretender, en ningún caso, que sus reglas e instrumentos sean más o menos verdaderos que otros.

b) De lo anterior deriva que la ciencia está formada por un conjunto de *principios,* o al menos se basa en ellos; la técnica se compone de un conjunto de *reglas e instrumentos.*

c) Precisamente por lo antes asentado, lo que constituye una ciencia es *de suyo inmutable,* o por lo menos naturalmente estable, aun cuando varíen las circunstancias, y, consiguientemente, la aplicación de los principios; en cambio, las técnicas son *esencialmente cambiantes,* pues, tan pronto como se encuentra una técnica mejor para hacer algo, la anterior se abandona como inservible, total, o parcialmente.

d) Otra característica de diferenciación, consiste en que los principios que forman una ciencia *"se descubren",* en tanto que las normas e instrumentos que constituyen una técnica *"se crean".* Cuando un científico descubre un principio, o una verdad, jamás piensa en que él la creó: era una relación que ya existía, y su misión se limitó tan sólo a encontrar esa ley; por el contrario, todo técnico tiene conciencia de que un nuevo método, un nuevo sistema, una nueva máquina, etc., fueron obra suya, su creación.

e) De todo lo anterior resulta que la ciencia, en cuanto tal, es eminentemente *teórica o especulativa,* en tanto que la técnica tiene un carácter esencialmente *práctico y de realización.*

Lo anterior no impide que existan *ciencias especulativas* y *ciencias prácticas;* estas últimas, en realidad no son más que la deducción que de una ciencia especulativa se hace, para formar una o varias técnicas fundadas en aquélla.

A la luz de lo anterior, creemos indiscutible que la Administración *no es una ciencia especulativa;* pero queda la duda de si es científica, esto es, si se funda en una ciencia teórica.

En nuestra opinión, las reglas y los instrumentos administrativos, ciertamente se fundan en principios como los de la especialización, de la unidad de mando, del objetivo, de la coordinación, etc. Pero tales principios, al menos los que hasta hoy la forman, son de índole sociológica, psicológica, económica, jurídica, etc.: la Administración no hace sino deducir de ellos las reglas y los instrumentos que la constituyen. Es, por tanto, científica en su base, aunque en su naturaleza sea una técnica.

Sin embargo, como ocurre con otras muchas disciplinas en el mundo de la moderna epistemología, en que día a día están surgiendo nuevas ciencias que se desgajan de otras con las que estaban confundidas, y se constituyen en unidades autónomas, ciertos principios, como el de la adecuación del hombre al puesto, el de unidad de mando, el de coordinación de intereses, etc., que anteriormente eran indiscutiblemente propios de otras ciencias, se están agrupando y tomando unidad, no sólo por la unidad del fin para el que se usan, sino aun por su propia naturaleza, alrededor de un campo específico de la actividad humana: consideramos por ello, que es indiscutible que está naciendo la Administración, aun como ciencia, o sea, como el conjunto de los principios específicos de la coordinación. Señalar el momento concreto de que esa ciencia engendrada, sea dada a luz, es difícil de precisar: quizá ya pueda hablarse de una verdadera ciencia administrativa; quizá estemos todavía a punto de que nazca.

Lo único que no puede admitirse es que se le quiera llamar ciencia, por el solo hecho de poner en un orden más o menos discutible unas cuantas reglas o principios.

La Administración no es pura experiencia

Una corriente opuesta niega carácter técnico a la Administración, esto es, que pueda sujetarse a reglas. Como por largos siglos se vinculaba el éxito administrativo a las cualidades personales, se llegó a pensar que el administrador, aun el que actualmente dirige grandes negocios, se forma sólo a base de experiencia, o por medio de otras profesiones. Considera esta corriente que no hay reglas que se apliquen en forma siempre igual, sino que cada caso es diferente, y, por lo mismo, las reglas aducidas no tienen validez.

Es cierto que las reglas administrativas no se formulan deductivamente, sino sobre la base de la experiencia de los administradores. Pero es posible sistematizar esas soluciones, encontrando los principios y las normas generales que las presiden. Por eso, como dice Urwick, la diferencia entre la pura experiencia y la técnica administrativa, siempre será que el práctico trabaja bien con el caso concreto que conoce; pero tan pronto como cambian sus supuestos, o no puede resolverlo, o no lo hace con la prontitud y precisión de quien puede elevarse a la norma general.

Es cierto además que la pura teoría no basta para ser buen administrador; pero esto ocurre igualmente en toda profesión como la medicina, la ingeniería, etc.

Es cierto, por último, que no hay una sola regla para cada caso; sino que en cada uno tienen que aplicarse, *combinándolas*, diversas reglas, y es precisamente el papel de la experiencia, el ayudar a adaptar, combinar y, por decirlo así, dosificar la aplicación de las mismas.

En nuestra humilde opinión, incurren de alguna manera en este error de considerar de algún modo la Administración como una cosa meramente experiencial, aun aquellas escuelas, que, no obstante ser muy respetables y prestigiadas, parecen querer reducir su enseñanza a una pura casuística, pues consideran que, partiendo de cualquier profesión, basta con la práctica y el ejercicio en la toma de decisiones, para ser un administrador técnico.

Dentro de este enfoque, debe considerarse a nuestro juicio la llamada "Escuela empírica", de la que es principal representante el conocido autor Ernest Dale.

Lo esencial de su teoría descansa en considerar que la Administración es substancialmente un análisis de la experiencia, que en ocasiones permite delinear *ciertas generalizaciones*, pero que de suyo es más bien un mero medio de transmitir dicha experiencia a quienes la estudian, estimando por consiguiente de ninguno, o de escaso valor, a los principios que puedan enunciarse, aunque —como con fina percepción lo hacen notar Koontz y O'Donnell— los autores de esta escuela acostumbren formular constantemente criterios y generalizaciones.

Esta posición se esfuerza principalmente en afinar y dar algún toque personal al proceso de investigación señalando:

a) Que se deben seleccionar, describir y analizar los *hechos* en la forma más objetiva posible.

b) En segundo lugar deben tratar de explicarse, ya que no siempre hablan por sí solos.

c) En tercer lugar deben inducirse algunas generalizaciones, que sirvan para guiar la conducta del administrador.

Es indiscutible que esta llamada escuela no pueda considerarse más que como un método, ya para la creación de la teoría administrativa, ya también para la aplicación de la misma. Es una herramienta, que de ninguna manera puede llamarse siquiera novedosa, pues en el fondo no es otra cosa que el llamado "método científico", inclusive desprovisto de alguno de sus pasos más esenciales. Pero en nuestra opinión, tratar de erigirla en "teoría de toda la Administración", sería tanto como querer explicar toda una obra a base de uno de los instrumentos usados.

Tiene, sin embargo, como todo el enfoque experiencial que comentamos, el mérito de haber enfatizado que la administración se formó, como toda técnica, de manera esencialmente inductiva, y no apriori, y que en su enseñanza y en su aplicación, tienen que combinarse conocimientos y experiencias, como ya lo hemos repetido.

Ya hemos hecho notar cómo Koontz señala el hecho de que, inconsecuentes con su propia posición, los autores de esta llamada escuela, sientan generalizaciones, reglas y principios, al igual que todos los demás.

El punto de partida de estos criterios empiristas a ultranza, descansa en un hecho absolutamente cierto, y de gran fecundidad además: que el problema más inmediato, repetitivo y trascendental del administrador, es la toma de decisiones. Pero deducen, a nuestro juicio por una exageración de este hecho, que basta con aprender una mera mecánica de decisiones, para ser administrador en sentido técnico.

DEFINICION REAL

Reuniendo los elementos obtenidos podemos formar de la Administración, la definición siguiente:

ES EL CONJUNTO SISTEMATICO DE REGLAS PARA LOGRAR LA MAXIMA EFICIENCIA EN LAS FORMAS DE ESTRUCTURAR Y MANEJAR UN ORGANISMO SOCIAL.

Si se quisiera sintetizar en dos palabras, podríamos decir que la

"ADMINISTRACION ES LA TECNICA DE LA COORDI-NACION".

De la Administración de Empresas, y a reserva de analizar más adelante el concepto de éstas, podemos formular esta definición:

ES LA TECNICA QUE BUSCA LOGRAR RESULTADOS DE MAXIMA EFICIENCIA EN LA COORDINACION DE LAS COSAS Y PERSONAS QUE INTEGRAN UNA EMPRESA.

COMPARACION CON OTRAS DEFINICIONES

1. *El objeto* de la Administración está claramente comprendido en todas las definiciones: destaca en Brech ("proceso social"), Petersen y Plowman ("grupo social") y Koontz ("organismo social").

2. El aspecto de finalidad destaca en Brech ("forma eficiente... para lograr un propósito dado"); en Koontz ("su efectividad en alcanzar sus objetivos"). Pero se sobreentiende en Mooney ("dirigir..." ¿para qué?); Tannembaum ("servicios... debidamente coordinados").

3. Los dos aspectos de la *coordinación* se encuentran más claramente en Brech ("planear y regular"), Petersen ("determinan y clasifican-realizan"). y Fayol ("prever y organizar-mandar, coordinar y controlar").

4. El aspecto técnico está explícito en Mooney, Petersen y en Fayol, ya que la separación de etapas sólo se concibe bajo el concepto de un tratamiento técnico de la Administración.

CARACTERISTICAS DE LA ADMINISTRACION

1. *Su universalidad.* El fenómeno administrativo se da donde quiera que existe un organismo social, porque en él tiene siempre que existir coordinación sistemática de medios. La Administración se da por lo mismo en el Estado, en el ejército, en la empresa, en una sociedad religiosa, etc. Y los elementos esenciales en todas esas clases de Administración serán los mismos, aunque lógicamente existan variantes accidentales.

2. *Su especificidad.* Aunque la Administración va siempre acompañada de otros fenómenos de índole distinta (v.gr.: en la empresa funciones económicas, contables, productivas, mecánicas, jurídicas, etc.), el fenómeno administrativo es específico y distinto a los que acompaña. Se puede ser, v.gr.: un magnífico ingeniero de producción (como técnico en esta especialidad) y un pésimo administrador.

3. *Su unidad temporal.* Aunque se distingan etapas, fases y elementos del fenómeno administrativo, éste es único y, por lo mismo, en todo momento de la vida de una empresa se están dando, en mayor o menor grado, todos o la mayor parte de los elementos administrativos. Así, v.gr.: al hacer los planes, no por eso se deja de mandar, de controlar, de organizar, etc.

4. *Su unidad jerárquica.* Todos cuantos tienen carácter de jefes en un organismo social, participan, en distintos grados y modalidades, de la misma Administración. Así, v.gr.: en una empresa forman "un solo cuerpo administrativo, desde el Gerente General, hasta el último mayordomo.

SU IMPORTANCIA

Bastan los siguientes hechos para demostrarla:

1. La administración se da dondequiera que existe un organismo social, aunque lógicamente sea más necesaria, cuanto mayor y más complejo sea éste.

2. El éxito de un organismo social depende, directa e inmediatamente, de su buena administración, y sólo a través de ésta, de los elementos materiales, humanos, etc. con que ese organismo cuenta.

3. Para las grandes empresas, la administración técnica o científica es indiscutible y obviamente esencial, ya que, por su magnitud y complejidad, simplemente no podrían actuar si no fuera a base de una administración sumamente técnica. En ellas es, quizá, donde la función administrativa puede aislarse mejor de las demás.

4. Para las empresas pequeñas y medianas, también, quizá su única posibilidad de competir con otras, es el mejoramiento de su administración, o sea, obtener una mejor coordinación de sus elementos: maquinaria, mercado, calificación de

mano de obra, etc., en los que, indiscutiblemente, son superadas por sus grandes competidoras.

5. La elevación de la productividad, preocupación quizá la de mayor importancia actualmente en el campo económico social, depende, por lo dicho, de la adecuada administración de las empresas, ya que si cada célula de esa vida económico social es eficiente y productiva, la sociedad misma, formada por ellas, tendrá que serlo.

6. En especial para los países que están desarrollándose, quizá uno de los requisitos substanciales es mejorar la calidad de su administración, porque, para crear la capitalización, desarrollar la calificación de sus empleados y trabajadores, etc., bases esenciales de su desarrollo, es indispensable la más eficiente técnica de coordinación de todos los elementos, la que viene a ser, por ello, como el punto de partida de ese desarrollo.

CUESTIONARIO

1. ¿Qué razones puede Ud. mencionar que indiquen la importancia y actualidad que tiene el estudio de la Administración?
2. ¿Qué nociones podemos deducir de la etimología de la palabra "administrar"?
3. En las definiciones propuestas por diversos autores ¿dónde se encuentran los aspectos relacionados con su objeto, su fin, su contenido y su carácter?
4. Compare las definiciones dadas entre sí y con la propuesta: ¿cuál le parece más completa, y por qué?
5. ¿Cuál de los elementos del concepto de sociedad es del que se ocupa la administración? ¿Lo estudia teórica, o prácticamente? Dé las razones respectivas.
6. ¿Cuál es el fin concreto de la Administración? ¿En qué se parece, y en qué se distingue del fin de otras ciencias o técnicas semejantes, v.gr.: la economía, la política, etc?
7. ¿Qué beneficios prácticos encuentra Ud. al hacer la distinción entre la etapa constructiva y la operativa de la Administración?
8. ¿Considera Ud. la Administración como una ciencia, o como una técnica? Dé sus razones.
   ¿Qué utilidad práctica encuentra Ud. al hecho de definir si es lo uno o lo otro?
9. Compare la definición dada con las demás presentadas, o con cualquier otra que Ud. conozca: ¿Encuentra algún elemento de más o de menos en unas u otras?
10. ¿Qué peligros considera Ud. que pueden existir de considerar la Administración como un conocimiento meramente empírico?

11. ¿En qué consiste el error de la llamada "Escuela empírica"? ¿Qué aporta?

12. ¿Cuáles son las características generales de la Administración? ¿Qué importancia práctica tiene el señalarlas?

13. ¿Qué diferencia encuentra Ud. entre el propietario y el administrador de un negocio? ¿Entre un administrador y un especialista? ¿Entre un administrador y un gerente?

14. Mencione algunos problemas administrativos típicos en la oficina, en la fábrica, en las ventas, en las finanzas, etc., que no sean meramente técnicos.

15. ¿Considera Ud. que la Administración es una profesión? ¿Por qué?

16. ¿Cuál será la mejor señal de éxito para un administrador? ¿Los resultados económicos, la falta de problemas, el crecimiento de la empresa, etc.?

17. ¿Cree Ud. que puede encontrarse una administración perfecta?

18. ¿Puede un administrador eliminar los problemas en la empresa u organismo social por él administrado?

19. Cuando una persona no tiene subordinados, v.gr.: un encargado de compras que directamente las realiza, ¿se puede hablar de verdadera administración? Razone su respuesta.

Lecturas que se recomiendan:

1. Allen L. A. *Management and Organization.* Capítulo I, págs. 3 a 23. Editorial McGraw-Hill Book Co. Inc., New York, 1958.

2. Koontz and O'Donnell. *Principles of Management.* Capítulos I al III, págs. 4 a 37. Editorial McGraw-Hill Book Co. Inc., New York, 1965.

3. Koontz and O'Donnell. *Readings in Management.* Capítulo I, págs. 2 a 18. Editorial McGraw-Hill Book Co. Inc., New York, 1959.

4. Lepawsky A. *Administración.* Capítulo I, págs. 15 a 58. Editorial CECSA, México, 1961.

5. Miller D. W. y Starr M. K. *Acuerdos Ejecutivos e Investigación de Operaciones.* Capítulo I, págs. 1 a 8. Editorial Herrero Hermanos, Sucs., S. A. México, 1961.

6. Petersen E. y Plowman E. G. *Organización y Dirección de Empresas.* Capítulo II, págs. 33 a 84 y XVIII, págs. 622 a 632. Editorial UTEHA. México, 1961.

7. Pfiffner J. M. y Sherwood F. P. *Organización Administrativa.* Capitulo IV, págs. 81 a 105, y XX a XXII, págs. 471 a 497. Editorial Herrero Hermanos, Sucs., S. A., México, 1961.

8. Terry G. R. *Principios de Administración.* Capítulos I a III, págs. 21 a 76, y V, págs. 99 a 118. Editorial CECSA, México, 1961.

CAPITULO II

Sus especies y relaciones

EL POR QUE DE ESTE CAPITULO

Es propio de todo conocimiento sistemático, como lo es el de una técnica, formar ideas claras y distintas.

Para tener ideas claras se requiere que, sean tales, que su contenido no se confunda con el de otras semejantes. Para que las ideas impliquen distinción, se requiere que podamos separar y ordenar los elementos que las integran.

Necesitamos por lo mismo, precisar las distintas clases de administración que pueden darse, y las relaciones que tiene la misma administración con otras disciplinas que guardan con ella gran parecido.

ADMINISTRACION PUBLICA Y PRIVADA

La primera clasificación que se presenta, y el criterio para distinguir estas dos grandes especies de la administración, es aparentemente muy sencillo: cuando se trata de lograr la máxima eficiencia en el funcionamiento de un organismo social de orden público, la técnica respectiva forma la administración pública; cuando se busca la de un organismo de tipo privado, estamos en la administración privada.

Pero el problema sigue en pie: ¿cuál es el criterio que nos permite distinguir si se trata de un órgano social de orden público, o si nos encontramos frente a otro de orden privado?

La *importancia práctica* de esta distinción resulta de que, necesariamente, tienen que aplicarse *reglas muy diversas* en ambos tipos de administración. v.gr.: mientras que la compulsión sobre las personas es posible en la administración pública, en la privada todo se deriva de la capacidad de convencer y entusiasmar.

Criterios distintivos

Tres suelen proponerse dentro de la ciencia del Derecho para distinguir y diferenciar una función propia del derecho público de otra del privado.

a) *La naturaleza del órgano.* Según esta teoría, una función social debe considerarse de orden público, cuando interviene en ella *una autoridad soberana,* precisamente con ese carácter.

Función privada será, por el contrario, aquella en que no existe intervención directa de una autoridad soberana, o bien, que tal intervención no se realiza precisamente bajo ese carácter. Por lo tanto, ninguno de quienes intervienen en esa función ejerce "actos de autoridad", sino más bien, "actos de gestión", aun en el supuesto de que alguno de ellos sea un organismo soberano.

Para entender mejor esta teoría, precisemos qué se entiende por organismo soberano. Existen ciertos poderes sociales que no se hallan sujetos en su esfera a otro poder social superior, v.gr.: el supremo poder de un estado. Lo anterior no implica un desconocimiento de la soberanía plena que sobre cualquier otro poder tiene la autoridad Divina, ni desconoce que toda autoridad esté sujeta ella misma al derecho natural. Menos aún supone que no exista, en otro orden distinto, o para otro grupo de individuos, otra autoridad soberana. Lo único que significa es que, por el carácter supremo que esa autoridad posee, no está directamente subordinada a otra autoridad superior en su orden social y dentro de su misma esfera de acción.

Consecuencia de lo anterior es que, cuando interviene una autoridad soberana con tal carácter, existe una situación de preeminencia de la misma sobre los demás elementos sociales que también intervienen; en cambio, en la administración privada hay siempre, al menos en teoría, un carácter de igualdad, aun cuando una de esas partes sea una autoridad soberana, porque no interviene como tal, sino realizando meros actos de gestión.

b) *El fin buscado.* Este criterio es quizá el más antiguo y de mayor simplicidad. Está ya plenamente delineado en el derecho romano: "Jus Publicum est quod ad statum rei Romanae spectat; privatum autem, quod ad singularem utilitatem pertinet": Derecho Público es el que mira al bien de la república de Roma; privado, en cambio, el que sólo atiende a la utilidad particular.

La administración será pues pública o privada, según que se dé con el fin de lograr directamente un beneficio particular, o bien que se refiera inmediatamente a un bien social.

c) *La fuente inmediata.* Este último criterio mira al medio jurídico del que emana el acto administrativo. Cuando éste deriva inmediatamente de la ley, sin necesidad de ninguna aceptación o convenio, sino que aquella se impone unilateralmente por la autoridad a sus súbditos, es evidente que se trata de un acto de administración pública. Cuando, por el contrario, la fuente inmediata de la obligatoriedad de realizar un acto dentro de un organismo social, es el hecho de haber celebrado, expresa o tácitamente, un convenio, contrato, convención, etc. el acto será de orden privado, aunque la fuerza de exigibilidad coactiva de éste contrato o convenio esté garantizada y se funde en una ley, ya sea positiva, o por lo menos de derecho natural.

Creemos que cada criterio tiene objeciones que hacerle, y que ninguno basta para delimitar por sí sólo el acto administrativo público y el privado, sobre todo en la moderna sociedad, en que las fronteras se vuelven más confusas y cambiantes, en razón de la necesidad que impone el que se destaque más la función social de la mayoría de las instituciones.

Pero, para el objeto de nuestra materia, de carácter eminentemente práctico, donde no es necesaria la precisión de esencias, problema que se deja íntegramente al Derecho Administrativo, consideramos que lo más útil es aplicar simultáneamente los tres criterios: usados en forma superpuesta, nos podrán indicar en su coincidencia, si el acto es de orden administrativo, privado o público.

Con todo, creemos que la fuente de mayores dificultades para precisar la naturaleza de las funciones administrativas, se encuentra en los actos administrativos de naturaleza mixta, esto es, la de aquellos organismos que, simultáneamente, tienen para unos aspectos carácter público, y para otros el privado, tales como organismos descentralizados, concesiones, etc.

ADMINISTRACION DE PERSONAS Y COSAS

División básica

El éxito de toda función social, y en particular de las que se realizan en una empresa, depende de dos elementos distintos: las personas que las llevan a cabo y las dirigen, y las cosas o bienes de que se valen para realizarlas.

Así, entre las personas podemos mencionar en una empresa: los directivos, los administradores, los técnicos, los supervisores inmediatos, los empleados calificados y no calificados, los obreros calificados, semicalificados y no calificados, etc.

Entre las cosas, aunque puede considerarse un gran número, podemos mencionar las máquinas, los materiales, los métodos, y el dinero (moneda la llamaremos, para el efecto mnemotécnico de las llamadas 4 "m").

Su influencia administrativa

Personas y cosas, son elementos indispensables, y no se puede prescindir ni de unas ni de otras. Pero el papel que juegan es muy diverso. Las cosas son elementos *puramente pasivos*, ya que carecen de inteligencia y libertad. Son, por ello, *exclusivamente medios* para la mejor realización de los fines de un organismo social.

Las personas, por el contrario, tienen un carácter *eminentemente activo* en el desarrollo de dichas funciones: se dirigen a sí mismas, dirigen a las demás personas y, sobre todo, a las cosas, en forma tal, que la administración de cosas no puede ser realizada sino *en, y a través* de la administración de personas.

Por lo mismo, las personas no pueden ser nunca consideradas como medios. Sus acciones ciertamente lo son para la realización del fin social, pero las personas, como tales, no pueden ser tratadas ni consideradas en sí mismas como medios. Olvidar esto, trae consecuencias aun de ineficiencia administrativa.

La medición de ambas clases de administración

Considerando otro aspecto, las cosas están sujetas a la *ley de la causalidad*; por ello, su influencia en el éxito de las funciones administrativas puede precisarse de antemano con certeza y, en un gran número de casos, aun puede medirse.

En cambio, los problemas relacionados con la administración de personas, en razón de ser éstas seres inteligentes y *libres*, sólo en cierto sentido —que precisaremos adelante— están sujetas a dicha ley. Por lo mismo, su comportamiento es más difícilmente previsible y mensurable.

En cambio, predomina respecto de ellas la relación de medios a fines, ya que la inteligencia del hombre conoce estos últimos, y busca los más adecuados de los primeros para obtener su logro. La Administración de Personas, se mueve pues, en el dominio de la *ley de la finalidad*.

Importancia relativa de ambas especies

De lo expuesto resulta en forma indudable, que la eficacia de las funciones administrativas dependerá primordialmente de la acción de las personas, y sólo secundariamente de la administración de las cosas.

En efecto: las primeras son los agentes impulsores y coordinadores de dichas funciones. Las segundas son tan sólo instrumentos —aunque indispensables— pero al fin y al cabo, subordinados en cuanto a su eficacia, a la calidad de la administración de las personas.

La administración de las cosas sólo puede ser realizada "por medio" y "a través de" la administración de las personas.

ADMINISTRACION Y CIENCIAS SOCIALES

Advertencia previa

Ya explicamos al principio de este capítulo, cómo, el determinar con el mayor cuidado posible la relación que tiene la Administración con otras disciplinas, que guardan con ella grandes semejanzas, nos ayuda a la claridad en el concepto que nos formemos de la misma administración, porque nos impide confundirla con esas otras ciencias y técnicas.

Es indiscutible que tienen que existir en los puntos de contacto, numerosos aspectos que, de algún modo, podrán ser tratados por los técnicos de una o de otra, con tanta mayor razón, cuanto que, siendo la Administración una novísima aportación al campo de la ciencia y de la técnica, muchos problemas administrativos eran antes resueltos por contadores, sociólogos, etc. Lo importante radica, pues, en determinar la diferencia de criterio con que puede manejarse este problema desde el ángulo de la Administración y el de otras profesiones.

Al tratar de las relaciones de la Administración con otras técnicas y ciencias, aprovecharemos presentar las ideas fundamentales de las diversas escuelas que se han formado, sobre todo a últimas fechas, dentro de la misma Administración, porque creemos que, de esa manera, puede comprenderse mejor la finalidad que cada una de ellas busca al destacar, con carácter unilateral, un enfoque de la Administración, verdadero, precisamente porque se trata de aspectos que parcialmente le pertenecen, pero cuya exageración impide ver el carácter total y específico de lo administrativo. Estas posiciones son muy explicables, si tomamos en cuenta que, como ya hemos señalado, lo que hoy es administrativo, en otros tiempos se consideró parcialmente económico, sociológico, psicológico, etc.

Carácter eminentemente social

Hemos asentado que la Administración es una técnica para lograr la máxima eficiencia de las funciones sociales. Dedúcese de ello, que *no hay ni puede haber Administración fuera de una sociedad*. Y al mismo tiempo, que *toda sociedad necesita de los medios técnicos de la Administración* para el correcto desarrollo de sus funciones.

Debemos precisar que las relaciones sociales son estudiadas desde dos ángulos distintos: el filosófico y el empiriológico.

En el primer caso se trata de buscar las razones últimas y los principios fundamentales de lo social: qué es la sociedad; de qué elementos está compuesta; qué es lo que da unidad a quienes forman una sociedad; cuál es la causa que lleva al hombre a formar la sociedad: ¿es su propia naturaleza, o su libre voluntad, o la combinación de ambas?; qué diferencia existe entre comunidad y sociedad; qué busca el hombre al ingresar en la sociedad; en qué consiste el bien común que la sociedad persigue, etc., etc.

Desde este punto de vista, que se ha llamado comunmente *"metafísica social"*, la conexión de la Administración con ella radica en que los principios que esta última utiliza para deducir sus reglas y estructurar sus instrumentos administrativos son, con mucha frecuencia, sociológicos. Quizá nos atreveríamos a decir que, sobre todo en los primeros años en que se estructuró la Administración, la mayor parte de los principios que utilizó, fueron tomados de la sociología, v.gr.: el principio del objetivo, el de la especialización, el de la unidad de mando, etc. Recuérdese que, como analizamos en el capítulo anterior, quizá muchos de esos principios tienen actualmente más plena y fructuosa aplicación en el campo administrativo, que en el mismo sociológico.

Existe, por otra parte, la *"sociología"* empíricamente considerada, esto es, usando de razones próximas, la que, sin entrar al análisis de lo social, más bien describe los hechos sociales, busca su tipificación, los clasifica, y deduce sus índices de frecuencia y de generalidad, principalmente con miras a su estudio y a la resolución de los problemas sociales.

En relación con esta segunda especie, que es la que propiamente recibe el nombre de *"sociología"*, es indiscutible que la Administración aprovecha muchos de los análisis y leyes que la primera establece sobre el comportamiento social, ya que le sirven para lograr su fin específico, que es la óptima coordinación de personas y cosas. A su vez, la Administración proporciona a la sociología muchos de los principios y, sobre todo, de las técnicas y experiencias obtenidas en la coordinación.

Así se explica plenamente que se haya formado, inclusive como una especialización de la sociología, una rama que es la sociología industrial, la que, por su importancia práctica, analiza los fenómenos sociológicos que se dan en el seno de la empresa; con ello aporta una gran ayuda a la Administración. Sin embargo, en forma alguna puede confundirse con la administración misma, ya que para ésta, el dato sociológico es, como el económico, el psicológico, etc. *sólo uno de tantos elementos como debe coordinar.* Y, además, la esencia de lo administrativo, está precisamente en la naturaleza, formas, características, reglas y principios de esa coordinación, en cuanto están orientadas al fin, eminentemente práctico, de obtener resultados concretos que previamente se han establecido.

Resulta de todo lo anterior, que es prácticamente imposible estudiar la Administración, sin tener como presupuesto un conocimiento sociológico básico.

Sociología y escuela de la conducta humana

Uno de los investigadores en materias sociológicas más conectados con la Administración, Fritz Roethlisberger, de la Universidad de Harvard, y junto con él quienes lo siguen, formando la escuela, sin ocultar su empeño de romper las barreras que fijan los límites de las distintas disciplinas sociales, para tratar de hacer una sóla ciencia social, pretenden que la administración debe tener como finalidad propia y específica, la de "conocer y describir las diversas relaciones interpersonales que se dan en una empresa".

Para ello consideran dos especies de conducta en lo individual:

a) *La conducta adaptativa*, que es aquella que el individuo observa cuando se conforma con los moldes prefijados por la costumbre, la condición, la rutina, etc. sin buscar modificarlas para mejorar los resultados que pretende.

b) *La conducta racional*, o sea aquella en que el hombre pretende cambiar, para mejorarlos, todos aquellos moldes prefijados, porque busca maximizar resultados, aunque para ello deba reconocer una serie de limitaciones que existen.

Supone esta escuela que la conducta racional del individuo, cuando actúa en el seno de la empresa, es precisamente la organización, ya que ésta tiene como preocupación esencial el estarse adaptando para mejorar determinados resultados que se esperan de ella.

Para ello, y como en la empresa se utilizan una serie de medios y relaciones que no surgen espontáneamente de la interacción social, ya que se plantearon de antemano para lograr los objetivos fijados en la empresa, debe distinguirse *la organización formal*, o sea "el conjunto de reglas prescritas y de actividades requeridas para la adecuada realización de las operaciones, la fijación de interacciones entre las mismas y su coordinación para lograr los fines perseguidos", y *la organización informal* o sea "la que surge por las relaciones de convivencia en la empresa dentro del grupo de trabajo, y entre los diversos grupos que integran aquella, y que en forma determinante facilita, o bien dificulta la conducta del individuo".

Con base en estos supuestos, los defensores de la escuela de la conducta, a base de descubrir y explicar las causas que afectan a las diversas conductas de los trabajadores y sus relaciones, tratan de formular todas aquellas leyes que facilitan la práctica administrativa.

Crítica

De los puntos anteriores, los fundamentales en esta teoría, podemos deducir ya cuáles son sus aportaciones útiles, y cuáles sus exageraciones y, consiguientemente, sus errores.

Es indiscutible, y nosotros lo hemos enfatizado ya, que toda Administración se da necesariamente en un grupo social; que la mayor parte de los principios, y aun algunas reglas de la Administración, surgieron de la sociología; que ésta sigue constituyendo, como lo hemos explicado, un auxiliar de primera categoría para la Administración.

Sin embargo, claramente se ve la exageración, al pretender que, con sólo leyes y observaciones sociológicas, pueden resolverse todos los problemas administrativos, que son mucho más complejos: a lo sociológico se ha añadido lo estrictamente económico, lo psicológico, lo jurídico, y, sobre todo, lo específicamente novedoso, que es lo que constituye el núcleo o corazón central de la Administración, la cual ha rebasado los moldes de la sociología, que siguen conservando toda su vigencia para otros aspectos estrictamente sociales: los unos, sin conexión alguna con la Administración, y otros ciertamente utilizables en ésta.

En síntesis, podemos decir que, aunque la Administración —como la economía, el derecho, la psicología, etc.— son ciencias sociales, que alguna vez estuvieron en embrión en ese alveo materno, actualmente constituyen *ciencias completamente separadas*, aunque sigan requiriendo de una mutua ayuda para problemas específicos. La posición de quienes, exagerándolo, señalan el sello y la colaboración de la sociología en la Administración, recuerda aquella actitud maternal que pretende que todo cuanto hagan los hijos es función exclusiva de la madre. Tan absurdo es pensar que la Administración se reduce a la sociología, y se explica por reglas sociológicas, como pensar en que la economía, el derecho, la psicología, etc., no son más que sociología aplicada.

ADMINISTRACION Y DERECHO

Derecho, base de la Administración

El derecho forma la estructura necesaria en que descansa lo social. Sólo sobre la base de una justicia, establecida por el derecho, puede quedar firmemente asentada esa estructura. Una sociedad sin derecho, es inconcebible, aun para la administración privada. Sólo puede administrarse un organismo social, cuando es posible exigir determinadas acciones de los demás, sea que éstas les hayan sido impuestas por ley, o que deriven inmediatamente de un convenio.

Las normas administrativas muchas veces se sustentan directamente, por ello, sobre las jurídicas; otras veces, derivan directamente de un convenio, pero éste, a su vez, descansa en un ordenamiento de derecho. Sin embargo, cabe hacer notar que la Administración no es de suyo jurídica, sino meta-jurídica; esto es: que no se realiza de suyo por el mero cumplimiento de derecho y obligaciones, sino que busca estimular la cooperación espontánea, activa, precisa, entusiasta y, sobre todo, eficaz, de quienes forman una empresa u otro organismo social, para lograr la máxima eficiencia en la coordinación.

Sin el cumplimiento de derechos y obligaciones, la coordinación es imposible; pero en el mero cumplimiento forzado de éstos, no existen tampoco de suyo elementos suficientes para lograr la máxima eficiencia de la coordinación, fin al que la Administración se dirige.

La Administración, auxiliar para el derecho positivo

En otras ocasiones, por el contrario, una norma administrativa, que busca la eficiencia en un organismo social, por exigirlo el bien común es tomada por el derecho y elevada a la categoría de ley. Tal sucede con el derecho administrativo.

Pero aun en este último supuesto, en la norma se puede distinguir un doble aspecto: en cuanto jurídica, tiene por objeto realizar la justicia, y está revestida de la fuerza de coactividad que el Estado le presta. En cuanto administrativa, se considera su eficacia en la actuación social.

Resulta curioso el hecho de que, siendo la coordinación elemento esencial en toda la sociedad, la teoría administrativa se haya formado tan sólo a principios de este siglo; la explicación es obvia por cuanto hace a la administración privada, ya que la naturaleza, pequeña magnitud y escasa complejidad de los negocios e instituciones privadas, requerían tan sólo de sentido común para su administración. Pero surge la interrogante: ¿por qué no apareció en la administración pública, donde la magnitud de los problemas, no sólo iguala, sino aun supera las características de la empresa privada? La respuesta es, a nuestro juicio, que el Estado contaba con dos medios para lograr el eficaz cumplimiento de sus normas: la coacción, y la eficacia administrativa de esas mismas normas: siendo más fácil desde luego obtener la primera, descuidó de ordinario la segunda.

Por otra parte, debe hacerse notar que la falta de máxima eficiencia en las dependencias de un organismo público, no afectan de suyo su existencia: una dependencia cuya función sea necesaria, no habrá de desaparecer por el hecho de que se estén realizando sus actividades con mayor lentitud, con mayor costo y, dentro de ciertos límites, con resultados de pobreza administrativa; en cambio, una empresa que no dispone de fuerza coactiva alguna, y cuya existencia misma está supeditada a poder ofrecer precios, calidad, servicios, etc., por lo menos iguales a los de sus competidores, necesita mejorar su administración, como requisito para subsistir: por eso, al crecer el número y la complejidad de las empresas privadas, natural y necesariamente apareció la teoría administrativa. Lo anterior no significa que no se hayan analizado ciertos principios en la administración pública, como los de "la cadena de mando", "la organización staff", etc.; pero todo ello no llegó, indiscutiblemente, a integrar una auténtica y completa teoría de la Administración.

Consecuencias

El derecho proporciona, a la administración, la estructura jurídica indispensable para que cualquier organismo social pueda ser administrado.

La administración, a su vez, da al derecho la eficacia jurídica de sus normas, sobre todo de aquellas que directamente tienden a la organización de la sociedad.

RELACIONES ENTRE LA ADMINISTRACION Y OTRAS DISCIPLINAS CONEXAS

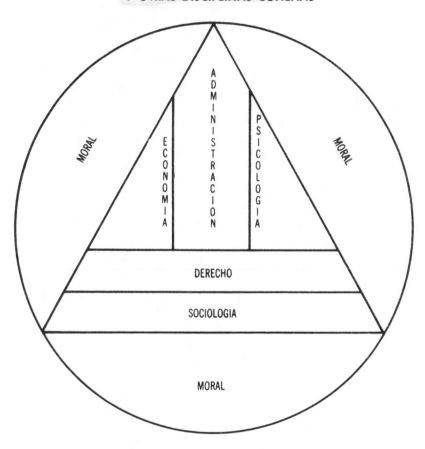

ADMINISTRACION Y ECONOMIA

Disciplinas base, y disciplinas auxiliares

La sociología y el derecho, cuya relación con la Administración hemos estudiado hasta aquí, son dos disciplinas base, ya que la misma Administración sólo puede darse precisamente "en un organismo social jurídicamente estructurado".

Pero como la administración tiene una de sus divisiones principales en "la de personas" y "la de cosas", las dos ciencias que de una manera inmediata concurren a auxiliarla son, desde el punto de vista de las cosas, la economía, y del de las personas, la psicología. Quiere esto decir, que todo administrador necesita contar con el auxilio de la primera, para el manejo de las "cosas", y el de la psicología, para el de las "personas".

Semejanza entre administración y economía

Hemos asentado que la administración tiene como fin "lograr la máxima eficiencia" de las formas sociales, esto es, obtener el máximo de resultados con el mínimo de esfuerzos o recursos. Esta ley (llamada la ley de oro), tiene su más clara aplicación en la economía, siendo en ella donde primero se formuló, y donde más exactamente se aplica, por lo que se le conoce como la ley económica básica.

¿Cuál será pues la distinción entre Administración y Economía?

Diferencia entre ambas disciplinas

Aunque ambas aplican la misma ley (que por cierto es una ley de validez universal, usada, aun en campos del arte, v.gr.: los preceptos del clacisismo: máximo de efecto estético, con mínimo de recurso artístico), en tanto que la economía la aplica a la producción, distribución y consumo de los bienes materiales, la administración la emplea en lograr la máxima eficiencia de un organismo social, prescindiendo de que éste pueda tener o no fines económicos. Así, se busca la máxima eficiencia de un grupo deportivo, científico, literario, religioso, etcétera.

Aun en el caso de la administración industrial, donde el fin es indiscutiblemente económico, no debe confundirse al administrador con el economista: el administrador, como tal, busca *inmediatamente* un fin de coordinar los elementos que emplea (cosas y personas), y en tanto es buen administrador, en cuanto sabe coordinarlos, esto es: estructurarlos y manejarlos del modo más eficiente. Pero este fin inmediato, que es el propio de la administración, en ese tipo de sociedades está subordinado a un fin económico, como es el de la empresa industrial, comercial o bancaria, por lo que la misma administración queda fuertemente teñida de colorido económico, al grado de parecer que el fenómeno mismo administrativo se confunde con el económico.

Administrador

Coordinación de cosas y personas
(fin directo e inmediato)
Objetivos económicos de la empresa
(fin de esa coordinación)

Administración e ingeniería industrial

Quizá la relación de lo administrativo con el mundo en que se realizan los fines económicos, se dé en forma más clara, y más frecuentemente que con la teoría económica, con las actividades y técnicas productivas, esto es: con las técnicas de la ingeniería aplicadas en la industria. Han surgido, así, una o varias ramas específicas de la ingeniería que suelen bautizarse con el nombre de "ingeniería industrial".

En primer lugar, se conoce con este nombre, y quizá más frecuentemente con el de ingeniería administrativa, la inclusión que se hace —o debe hacerse— en los programas de la carrera de ingeniería, de ciertas materias propias de la administración, por el hecho indeclinable de que, la casi totalidad de los graduados en ingeniería, tienen que prestar sus servicios en una planta industrial, en la cual, al actuar como jefes, necesitan conocer las modernas técnicas de administración, en mayor o menor grado, según el nivel jerárquico en que se encuentren.

Más propiamente se conoce con el nombre de ingeniería industrial a un conjunto de técnicas administrativas, que se usan fundamentalmente para el mejoramiento de los procedimientos, sistemas, métodos, etc. y que, aplicados en una planta industrial, indiscutiblemente en estrecha colaboración con los aspectos técnicos de maquinaria, equipo, etc., logran mejorar notablemente la eficiencia. Así, v.gr.: los estudios de movimientos, los de tiempos, los de control de calidad, etc.

Sin perjuicio de estudiar con más detenimiento estos aspectos administrativos en el capítulo de integración de cosas, y sin negar que, cuando se aplican a empresas de tipo altamente maquinizado, quizá sean mejor aplicadas por ingenieros con estudios posteriores de los elementos de administración indispensables, quisiéramos hacer notar que tales técnicas sólo forman una parte de la administración de cosas, pero de ninguna manera la totalidad de este tipo de administración, y obviamente, mucho menos el total de la administración, que comprende y requiere además la coordinación de las personas, y la de éstas con las cosas.

Administración y escuela matemática

Otra de las escuelas que se han formado, es la que, arrancando del hecho indiscutible de que la aplicación de técnicas, parcial o totalmente matemáticas, ha permitido un enorme avance en campos de la Administración, como los relacionados con la fijación de cursos alternativos, su valoración y su consiguiente ayuda en la toma de decisiones, a través de la Investigación de Operaciones, pretende que la administración misma se ha convertido o se está convirtiendo en algo cuya naturaleza es esencialmente matemática.

Sin perjuicio de estudiar estas técnicas en el capítulo de la Previsión adelantamos que una vez más se comete el error de confundir un instrumento, ciertamente valiosísimo, con la naturaleza misma de la Administración. A reserva de analizar el alcance, las posibilidades y las limitaciones del método matemático, queremos hacer notar que un sinnúmero de elementos de la administración escapan todavía, y algunos escaparán perpetuamente, a ella; que jamás podrán los métodos matemáticos substituir al criterio del administrador, sobre todo en la apreciación de los aspectos humanos; y que, en último término, las matemáticas jamás pueden perder su carácter meramente instrumental de puro simbolismo para que la mente maneje con más eficacia ciertas relaciones; pero que la coordinación es en su esencia, un problema substancialmente humano, es innegable.

ADMINISTRACION Y PSICOLOGIA

Semejanzas entre ambas

Al explicar la psicología la forma como opera la motivación de los actos humanos, y consiguientemente la forma de predecirlos, al menos parcialmente, da la razón de las acciones que el hombre realiza en cualquier organismo social y sirve por ello para explicar, en gran parte, los fenómenos sociales.

El administrador va a coordinar personas, y al mismo tiempo a coordinar la actuación de estas mismas personas, con las cosas, sistemas, etc. Necesita, por lo mismo, conocer del mejor modo posible los diversos resortes psicológicos para tratar de influir en el logro de la cooperación de los hombres, como base para su coordinación.

La Administración, al dar sus reglas para la eficacia del aspecto funcional de dichos fenómenos, no puede prescindir de los principios y las leyes de la psicología. El administrador necesita saber influir eficazmente en la conducta de los demás, y de ello depende en gran parte su éxito. La psicología indica, por lo mismo, qué métodos administrativos son más adecuados, y proporciona bases técnicas para influir en la manera de actuar de quienes integran un organismo social, en forma de hacer sus acciones lo más eficientes que sea posible.

En tres formas principales ayuda la psicología al administrador:

a) Ofreciéndole algunas técnicas de carácter esencialmente psicológico, pero que son utilizadas por la administración como un instrumento o medio para coordinar, v.gr.: la aplicación de baterías psicométricas.

b) Analizando los aspectos psicológicos de algunas técnicas de naturaleza ya substancialmente administrativa; v.gr.: el estudio del "efecto-halo" o la "tendencia central" en la calificación de trabajadores, supervisores o desarrollo de ejecutivos.

c) Proporcionando al administrador una serie de conocimientos y técnicas psicológicas que lo ayuden para comprender mejor a sus subordinados, motivarlos, orientarlos, resolver sus problemas y, en una palabra, lograr su cooperación, como medio para su coordinación más adecuada.

Diferencia

Pero, mientras que la psicología estudia la conducta humana en general, prescindiendo de su liga con el logro de una finalidad determinada (v.gr.: para orientación individual, curación, mejoramiento, etc.) la administración requiere y aplica sólo los principios y técnicas psicológicas que puedan referirse a cómo obtener de esos hombres que forman una empresa, la máxima eficiencia.

Lo anterior significa que la psicología es, como en los casos anteriores, uno de los elementos que el administrador coordina. Repetimos que no se designaría a un jefe de empresa por el hecho de ser psicólogo, aunque se requiera en ese jefe que sepa psicología, lo mismo que se supone que debe saber derecho, economía, sociología, contabilidad, etc. Todas estas disciplinas son meros instrumentos que le sirven de auxiliares, pero no forman el cuerpo de la Administración, so pena de desnaturalizarla tomando al instrumento por el agente.

La psicología y la escuela del sistema social

Una escuela que, no por su nombre, sino por su verdadero contenido, debe estudiarse en este capítulo, es la formada por el pionero de la Administración, Chester I, Barnard, cuyos discípulos principales son quizá los dos grupos de autores formados en la Universidad de Yale y el Instituto Tecnológico Carnegie, entre todos los cuales destaca por su prestigio indiscutible Herbert A. Simon.

Barnard, enfocando el problema en un claro ángulo de psicología sociológica, distingue al individuo, aunque estudiado en su función social dentro de la actividad de *colaboración*, y a la organización misma, que define como "un sistema de *cooperación*, en el que las personas dan una participación consciente, y son capaces de comunicarse entre sí para lograr una actuación dirigida hacia fines perseguidos en común".

Entre las valiosas contribuciones de esta escuela se encuentra que Barnard enfatiza que las funciones administrativas no son tan sólo las de los llamados altos ejecutivos, sino que corresponden a todos los demás jefes, cualquiera que sea su nivel, ya que todos ellos coordinan. Esta coordinación no se logra más que por la adecuada *cooperación o colaboración* de quienes son coordinados, *lo cual implica el conocimiento de cada uno de estos grupos de su función, sus relaciones, etc.*

Hemos subrayado "cooperación" y "colaboración", porque estas palabras indican el fondo del pensamiento de este destacado autor: más que la coordinación, efecto, lo que le interesa es la colaboración, causa parcial.

Al analizar Barnard la actuación de los individuos en la empresa, hace notar que ésta es resultado de una serie de factores físicos, psicológicos, biológicos y sociales, que son determinados por su historia y su estado presente. Contra el determinismo que podría parecer que resultaría de esta afirmación escueta, hay que hacer notar que él señala el poder de escoger y determinarse que tiene todo hombre para alcanzar la realización de un propósito. Si el hombre *coopera*, es porque siente lo profundo de sus limitaciones y la necesidad de dicha *cooperación*, máxime cuando la complejidad de la vida moderna, exige un grado de especialización, quizá no alcanzado anteriormente.

De todo lo anterior deduce Barnard, que el hombre *cooperará* tanto más, cuanto mejor se satisfagan sus motivos para inducirlo a la mejor realización de las operaciones propias de la empresa. Por ello, debemos conocer la naturaleza del individuo y sus limitaciones, y buscar una adecuación entre el trabajo y el hombre, para conseguir su plena *colaboración*.

Crítica

Consideramos que todo lo anterior es, como ya lo hemos señalado, una muy valiosa aportación, destacando ciertos aspectos, de índole quizá más psicológica que sociológica, que caracterizan a esa escuela. Pero, una vez más, representa una visión fragmentaria de la realidad administrativa: hemos enfatizado que lo psicológico y lo sociológico tienen una inmensa importancia en la actuación administrativa; pero no podemos considerar que el administrador es un psicólogo, ni un sociólogo, aunque necesite de la psicología y la sociología.

La colaboración y la cooperación son elementos sumamente valiosos para *coordinar*; pero, evidentemente, se requiere además, de capacidad de los individuos, elementos materiales adecuados, sistemas apropiados, etc. y la proporción debida entre todos los elementos que forman la empresa y de éstos con los fines concretos que aquella persigue.

ADMINISTRACION Y MORAL

Semejanzas y diferencias

La teoría de la administración da reglas que se refieren a la conducta humana en un sector determinado de su actividad y con un fin específico: la estructuración y operación de las formas sociales, para lograr la máxima eficacia posible en esa operación.

La moral dicta también reglas, las reglas supremas a que debe someterse la actividad humana, no ya en relación con un fin próximo, sino en razón del fin último al que toda acción del hombre es dirigida: el logro de la felicidad perfecta, a la que todo hombre tiende espontánea e ineludiblemente.

La relación se encuentra pues establecida, en que ambas son disciplinas de carácter normativo. Pero mientras que las normas de la moral se refieren a toda la conducta humana, y para un fin último, las de la administración tratan de un sólo aspecto de esa conducta, y para un fin particular: la máxima eficiencia que logre en un organismo social.

Subordinación

Se deduce de lo anterior que las normas de la Administración, como las de cualquier otra disciplina de carácter normativo, deben estar subordinadas a la moral. Esta subordinación no es de carácter positivo, ya que ambas son "autónomas", en el sentido de que se estructuran y operan bajo principios propios y peculiares, sino negativo, esto es: entre los diversos recursos administrativos que señalan lo que técnicamente "puede hacerse", podrá darse el caso de que algunos "no deban ponerse", porque, si bien serían de eficacia inmediata y aparente, contrariarían el fin último a que el hombre tiende.

Pero esta aparente contradicción no puede ser total ni definitiva. Teóricamente hablando podría decirse que existen normas de eficiencia administrativa que pugnen con la moral. En realidad, la contradicción no es real, porque la eficacia de tales reglas sería sólo aparente y temporal. Las normas administrativas inmorales son en el fondo antisociales, porque van contra la naturaleza del hombre, y, por lo mismo, al fin y a la postre, resultan ineficaces y aun contraproducentes.

CUESTIONARIO

1. ¿Considera Ud. que puede tener alguna utilidad práctica la distinción entre administración pública y privada?
2. Mencione Ud. algunos ejemplos típicos de administración pública y otros de administración privada.
3. ¿Considera Ud. que alguno de los criterios dados para distinguir la administración pública de la privada es totalmente satisfactorio? ¿Cuál de los tres le parece el mejor, y por qué?
4. Mencione Ud. algunos ejemplos típicos de administración mixta, cuidando de distinguir los aspectos de administración pública y los de la privada.
5. Señale dentro de la administración industrial, algunos aspectos típicos de la administración de cosas, y otros de la de personas. En un mismo fenómeno administrativo, haga la distinción de ambos aspectos.
6. ¿Qué aspectos considera Ud. que hacen más importante la administración de personas? ¿Cuáles otros hacen también importante la administración de cosas? ¿Qué cuidados deben tomarse en cada una de ellas, y por qué?
7. ¿Puede considerarse en algún caso la administración industrial como administración pública? Dé Ud. las razones de su afirmación o negación.
8. ¿Por qué es indispensable tener conocimientos sociológicos básicos para hacer el estudio de la administración? ¿Qué recibe ésta de la sociología y qué le proporciona?
9. Appley ha dicho que la administración general se identifica con la administración de personal. Haga Ud. la crítica de esta afirmación.
10. ¿Qué otras razones, además de las expuestas en el texto, considera Ud. que demuestran el error de la Escuela de la Conducta Humana?
11. ¿Cuáles son las aportaciones más importantes de esta Escuela a la teoría de la administración?
12. Se afirma que la empresa es una unidad económica: ¿Considera Ud. por ello que la administración es una parte de la economía? Razone su respuesta.
13. ¿Qué relaciones considera Ud. que existen entre la ingeniería industrial y la administración?
14. ¿Cree Ud. que esté mejor preparado para realizar estudios de simplificación de métodos, de mejoramiento de operaciones, etc., un ingeniero industrial o un administrador? Dé sus razones.
15. ¿Si la esencia de la Administración se encuentra en la coordinación, y esta supone saber motivar y conducir hombres, no será la administración una mera aplicación práctica de las reglas deducidas de la psicología?
16. ¿Cuáles son las exageraciones de la Escuela Sociológica de Barnard? ¿En qué forma las aumentan o disminuyen sus discípulos de la universidad de Yale o del Instituto Carnegie?

17. ¿Qué aportaciones de importancia ha hecho esta Escuela a los aspectos psicológicos de la administración?
18. ¿Por qué razón es indispensable el estudio de nociones de derecho dentro de una carrera administrativa?
19. ¿Será lo mismo el estudio de la administración pública que el del derecho administrativo? Razone su respuesta.
20. ¿No cree Ud. que resulta evidente que hay actos inmorales y aun antisociales, como la esclavitud, v.gr.: que producen una eficiencia administrativa? ¿Cómo justificaría el principio asentado de que la administración actúa necesariamente en sus principios dentro del ámbito de la moral?

Lecturas que se recomiendan

1. F. Mosher y S. Cimmino. *Ciencia de la Administración.* Capítulos II y III. Págs. 51 a 145. Editorial Rialp, Madrid, 1961.
2. Fichter H. *Sociología.* Capítulo I, Págs. 15 a 33. Editorial Herder, Friburgo, 1964.
3. Fraga G. *Derecho Administrativo.* Editorial Porrua.
4. Gilmer B. von H. *Industrial Psychology.* Capítulos 1 y II. Págs. 3 a 27. Editorial McGraw-Hill Boock Co. Inc. New York, 1961.
5. Koontz H. and O'Donnell C. *Principles of Management.* Capítulos II y III, págs. 26 a 48. Editorial McGraw-Hill Book Co. Inc. New York, 1965.
6. Leclerq J. *Introducción a la Sociología.* Capítulos I, II y III, Págs. 13 a 100. Editorial Instituto Católico de Estudios Sociales. Barcelona, 1959.
7. Tiffin J. y McCormick E. J. *Psicología Industrial.* Capítulo I, Págs. 2 a 39. Editorial Diana, México, 1958.

CAPITULO III

Elementos de la administración

SUMARIO

Su concepto.—Elementos de la mecánica administrativa.— Elementos de la dinámica administrativa.—Etapas específicas de la administración.—Elementos de la administración de cosas.— Método de los estudios administrativos.

SU CONCEPTO

Unidad y división del proceso administrativo

Todo proceso administrativo, por referirse a la actuación de la vida social, es de suyo único, forma un continuo inseparable en el que cada parte, cada acto, cada etapa, tienen que estar indisolublemente unidos con los demás, y que, además, se dan de suyo simultáneamente.

Seccionar el proceso administrativo, por lo tanto, es prácticamente imposible, y es irreal. En todo momento de la vida de una empresa, se dan, complementándose, influyéndose mutuamente, e integrándose, los diversos aspectos de la administración. Así, al hacer planes simultáneamente se está controlando, dirigiendo, organizando, etc.

Beneficios de una división conceptual

No obstante, desde un punto de vista meramente conceptual, metodológico y con el fin de estudiar, comprender y aplicar mejor la administración, es conveniente y lógico separar aquellos momentos o elementos que en una circunstancia dada puedan predominar, por que de esa manera se pueden fijar mejor sus reglas, técnicas, etc.

De esa manera se facilita su comprensión y se pueden formular mejor las reglas que influyen en cada aspecto.

Hemos visto la separación fundamental de los dos aspectos que Urwick llama la mecánica y la dinámica administrativas. Pero ahora trataremos de distinguir todavía dentro de esas dos fases amplias, los elementos, o sectores más concretos que tienen una connotación que hace de cada uno de ellos un aspecto plenamente específico.

Entendemos pues, por *elementos de la administración*, de acuerdo con la terminología usada por Fayol, *"los pasos o etapas básicas a través de los cuales se realiza aquella"*.

Diversos criterios de división

Siendo toda división de algún modo arbitraria y con fines de estudio, es natural que se presenten criterios diversos para distinguir y separar los elementos de la administración, máxime tratándose de una técnica en pleno período de formación.

Mencionaremos los criterios más seguidos, haciendo notar los problemas que en cada uno de ellos se presentan.

, A. *División tripartita.* La American Management Association (y más concretamente Appley, su presidente), considera que en la administración existen dos elementos: 1) Planeación y 2) Control. Pero al dividir éste último en Organización y Supervisión, en realidad propone una división tripartita: 1) Planeación. 2) Organización y 3) Supervisión.

Esta división de elementos, además de ser sumamente amplia (apenas si añade nada a la división de fases: mecánica y dinámica de Urwich), tiene el inconveniente de que la organización, como elemento impar intermedio, no se puede saber si pertenece a la mecánica o a la dinámica, y, con ello, si la organización se refiere al "como deben ser las relaciones", o al "como son de hecho".

` B. *División en cuatro elementos.* Una de las formas más extendidas de agrupar los elementos, es quizá la que considera en ella cuatro, la cual es seguida, entre otros, por Terry; estos elementos son: 1) Planeación, 2) Organización, 3) Ejecución y 4) Control.

Una variante en esta clasificación es la de llamar al tercer elemento, en vez de ejecución, dirección, considerando que la ejecución, por parte de quien administra, consiste en dirigir.

Tiene esta división las ventajas de ser sencilla, de estar muy difundida o generalizada, y de distinguir bien las etapas de la mecánica, Planeación y Organización, y las de la dinámica: Dirección o Ejecución y Control.

Nosotros le encontramos, con todo, dos limitaciones: la primera radica en que no distingue entre Previsión y Planeación; esto es, entre "lo que puede hacerse", y "lo que se va a hacer de hecho". Con ello, limita, como hacen notar muchos autores, las posibilidades de forzar la mente a encontrar entre los diversos cursos alternativos, el mejor, pues se da por hecho que partimos de "algo que debe hacerse", o sean los planes. De hecho, la previsión es reconocida por la mayoría de los

ELEMENTOS DE LA ADMINISTRACION DE PERSONAS Y DE COSAS

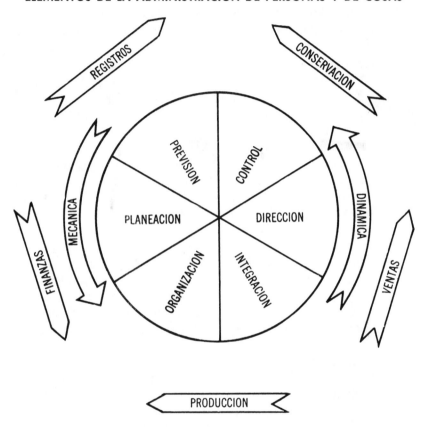

autores en el capítulo que dedican a lo que ellos llaman "planing premises".

Pero, sobre todo, da un mismo tratamiento a técnicas que hoy están bastante bien diferenciadas, como son las de la previsión y las de la planeación. Diremos con Fayol, que una cosa es "escrutar el futuro" y otra distinta "hacer los planes de acción". El principal inconveniente de reunir ambas, está en que conduce, o al menos favorece, lo que Drucker llama "la falacia del camino único", o sea, que da por supuesto que los planes de los que partimos son los mejores o los únicos, siendo que pueden existir otros más eficientes.

La segunda limitación es que confunde en el término dirección o ejecución, lo que corresponde a cómo se debe integrar un organismo social, una empresa, y lo que se refiere a cómo dirigirlo, mandarlo o conducirlo. Y, aunque es indiscutible que existen relaciones de contacto entre ambos elementos, los problemas de que cada uno se ocupa, son bastante diversos como para justificar su especificación separada.

C. *División en cinco elementos.* Fayol, como ya sabemos, pone cinco elementos en la administración: 1) Prever, 2) Organizar, 3) Mandar, 4) Coordinar y 5) Controlar. Al hablar de las siguientes divisiones, derivadas de la de este gran autor, haremos su crítica.

D. *División de Koontz en cinco elementos.* El magnífico libro de Koontz y O'Donnell, "Principles of Management", propone una división en los siguientes elementos: 1) Planeación, 2) Organización, 3) Integración, 4) Dirección y 5) Control. En el fondo será la que adoptemos en clase, con la sola distinción del primer elemento en dos: Previsión y Planeación, por lo arriba señalado.

E. *División en seis elementos.* Urwick, sigue la división de Fayol, descomponiendo tan sólo la previsión, primer elemento propuesto por este autor, en los dos repetidos antes: previsión y planeación. Y justifica esto, tanto haciendo notar que en tiempos de Fayol realmente la previsión técnica apenas si consistía en mera adivinación —lo que hoy no ocurre, dadas las diversas técnicas típicas de previsión, tales como la investigación operacional, las previsiones con base estadística, etc.— como también observando con gran agudeza, lo que ya dejamos apuntado: que el mismo Fayol distinguió en su definición de previsión los dos elementos, al decir que consiste en: 1) escrutar el futuro, y 2) hacer los programas de acción.

Recogiendo lo más útil, a nuestro juicio, de las diversas clasificaciones de los elementos, pero sobre todo de las de Terry y de Koontz y O'Donnell, seguiremos nosotros la siguiente:

Previsión: responde a la pregunta ¿qué puede hacerse
Planeación: „   „ „   „   ¿qué se va a hacer?
Organización: „   „ „   „   ¿cómo se va a hacer?

Estos tres elementos se refieren a la fase que Urwick llama mecánica.

Integración: responde a la pregunta: con qué se va a hacer.
Dirección: se refiere al problema: ver que se haga.
Control: investiga en concreto: ¿cómo se ha realizado?

Estos tres elementos se encuentran dentro de la fase dinámica de la administración.

ELEMENTOS DE LA MECANICA ADMINISTRATIVA

a) *PREVISION*. Consiste en la determinación, técnicamente realizada, de lo que se desea lograr por medio de un organismo social, y la investigación y valoración de cuáles serán las condiciones futuras en que dicho organismo habrá de encontrarse, hasta determinar los diversos cursos de acción posibles.

La previsión comprende, por lo mismo, tres etapas:

1. *Objetivos:* a esta etapa corresponde fijar los fines
2. *Investigaciones:* se refiere al descubrimiento y análisis de los medios con que puede contarse
3. *Cursos alternativos:* trata de la adaptación genérica de los medios encontrados, a los fines propuestos, para ver cuántas posibilidades de acción distintas existen.

b) *PLANEACION*. Consiste en la determinación del curso concreto de acción que se habrá de seguir, fijando los principios que lo habrán de presidir y orientar, la secuencia de operaciones necesarias para alcanzarlo, y la fijación de tiempos, unidades, etc., necesarias para su realización.

Comprende por lo mismo tres etapas:

1. *Políticas:* principios para orientar la acción.
2. *Procedimientos:* secuencia de operaciones o métodos.
3. *Programas:* fijación de tiempos requeridos.

Comprende también *"presupuestos"*, que son programas en que se precisan unidades, costos, etc., y diversos tipos de *"pronósticos"*.

c) *ORGANIZACION*. Se refiere a la estructuración técnica de las relaciones, que debe darse entre las jerarquías, funciones y obligaciones individuales necesarias en un organismo social para su mayor eficiencia.

En la misma definición se ven claramente las tres etapas:

1. *Jerarquías:* fijar la autoridad y responsabilidad correspondientes a cada nivel.
2. *Funciones:* la determinación de cómo deben dividirse las grandes actividades especializadas, necesarias para lograr el fin general.
3. *Obligaciones:* las que tiene en concreto cada unidad de trabajo susceptible de ser desempeñada por una persona.

ELEMENTOS DE LA DINAMICA ADMINISTRATIVA

d) *INTEGRACION*. Consiste en los procedimientos para dotar al organismo social de todos aquellos medios que la mecánica administrativa señala como necesarios para su más eficaz funcionamiento, escogiéndolos, introduciéndolos, articulándolos y buscando su mejor desarrollo.

Aunque la integración comprende cosas y personas, lógicamente es más importante la de las personas, y, sobre todo, la de los elementos administrativos o de mando, única que contemplan Koontz y O'Donnell bajo el título "Staffing".

De acuerdo con la definición, la integración de las personas abarca:

1. *Selección:* técnicas para encontrar y escoger los elementos necesarios.
2. *Introducción:* la mejor manera para lograr que los nuevos elementos se articulen lo mejor y más rápidamente que sea posible al organismo social.
3. *Desarrollo:* todo elemento en un organismo social busca y necesita progresar, mejorar. Esto es lo que estudia esta etapa.

Debe analizarse también en esta etapa, la integración administrativa de las cosas.

e) *DIRECCION.* Es impulsar, coordinar y vigilar las acciones de cada miembro y grupo de un organismo social, con el fin de que el conjunto de todas ellas realice del modo más eficaz los planes señalados.

Comprende, por lo tanto, las siguientes etapas:

1. *Mando o autoridad:* es el principio del que deriva toda la administración y, por lo mismo, su elemento principal, que es la Dirección. Se estudia *cómo delegarla* y *cómo ejercerla.*

2. *Comunicación:* es como el sistema nervioso de un organismo social; lleva al centro director todos los elementos que deben conocerse, y de éste, hacia cada órgano y célula, las órdenes de acción necesarias, debidamente coordinadas.

3. *Supervisión:* la función última de la administración es el ver si las cosas se están haciendo tal y como se habían planeado y mandado.

f) *CONTROL.* Consiste en el establecimiento de sistemas que nos permitan medir los resultados actuales y pasados en relación con los esperados, con el fin de saber si se ha obtenido lo que se esperaba, corregir, mejorar y formular nuevos planes.

Comprende por lo mismo tres etapas:

1. *Establecimiento de normas:* porque sin ellas es imposible hacer la comparación, base de todo control.

2. *Operación de los controles:* ésta suele ser una función propia de los técnicos especialistas en cada uno de ellos.

3. *Interpretación de resultados:* ésta es una función administrativa, que vuelve a constituir un medio de planeación

Aunque existe una estrecha relación entre los seis elementos, sobre todo entre los que se tocan, parece ésta ser mas clara entre:

Previsión y planeación: Están más ligadas con "lo que ha de hacerse".

Organización e integración: Se refieren más al "cómo va a hacerse".

Dirección y control: Se dirigen a "ver que se haga y cómo se hizo".

ETAPAS ESPECIFICAS DE LA ADMINISTRACION

Con el fin de tener una vista de conjunto de todo el proceso administrativo, conviene hacer una síntesis de las etapas, elementos y fases que lo forman:

FASE	ELEMENTO	ETAPA
A. *MECANICA*	1. *Previsión*	Objetivos Investigaciones Cursos alternativos
	2. *Planeación*	Políticas Procedimientos Programas. Pronósticos. Presupuestos
	3. *Organización*	Funciones Jerarquías Obligaciones
B. *DINAMICA*	4. *Integración*	Selección Introducción Desarrollo Integración de las cosas
	5. *Dirección*	Autoridad Comunicación Supervisión
	6. *Control*	Su establecimiento Su operación Su interpretación

Cabe repetir que, siendo un proceso único, normalmente se dan varias de estas etapas simultáneamente; con todo, lo ordinario es que alguna de ellas predomine en cada momento de la administración.

Por otra parte, los puntos de conexión entre dos etapas no siempre pueden atribuirse con claridad a una función o a otra, como ocurre siempre que se trata de fronteras del conocimiento.

Por último, dado que el control puede servir para hacer nuevas previsiones, de hecho estas dos etapas están íntimamente ligadas y, a veces, aun superpuestas.

ELEMENTOS DE LA ADMINISTRACION DE COSAS

La concepción de Fayol

Este autor, considerado por muchos, como ya dijimos "el padre de la Administración Técnica", señala, además de las operaciones relacionadas con la administración de personas, otros cinco grupos de actividades que tienen que ver directamente con lo que hemos llamado "cosas" en el capítulo anterior (medios), los que se manejan a través de los elementos y etapas de la administración de personas.

A. *Operaciones financieras.* Son las que tienen por objeto procurar al organismo social los elementos económicos que forman la base indispensable para la adquisición, conservación y operación de todos sus elementos materiales y humanos, y enseñan la mejor manera de combinar y aprovechar esos elementos económicos.

B. *Operaciones productivas.* Son las que se realizan bajo las normas técnicas correspondientes, con el fin de crear los bienes o prestar los servicios que constituyen el objetivo del organismo social.

C. *Operaciones de ventas o distribución.* Son las que tienen por objeto hacer que los bienes o servicios cuya producción constituye el fin del organismo social, lleguen en la forma más efectiva a manos de los consumidores o usuarios que habrán de requerirlos, a cambio del correspondiente precio, que cubre los gastos y utilidades de la empresa.

D. *Operaciones de conservación.* Son las que se refieren a la mejor forma de proteger los bienes materiales y recursos que la empresa utiliza para sus fines, en forma tal que duren el mayor tiempo posible, y que la erogación para su mantenimiento sea la mínima.

E. *Operaciones de registro.* Tiene por objeto fijar los resultados de la operación de la empresa en forma escrita (contable o estadísticamente), de tal manera que, en cualquier momento, pueda conocerse la situación administrativa y sea posible hacer las correcciones y mejoras necesarias.

A las cinco de Fayol se añaden hoy las:

F. *Operaciones de compras.* Que buscan adquirir los bienes que la empresa requiere para sus labores, al mejor precio posible y en la forma más apropiada.

Siendo estas técnicas objeto de clases especiales (Finanzas, Producción, Ventas, Seguridad, Contabilidad y Estadísticas) haremos aquí notar tan sólo que todas ellas se realizan a través de la administración de las personas. Nosotros las estudiaremos en sus principios administrativos generales en el capítulo de Integración. Debe hacerse notar, además, que las tres primeras, que son las fundamentales, guardan entre sí una relación estrecha: las finanzas son la base de la producción, y ésta lo es de las ventas: tal es el orden real. Pero desde el punto de vista de la previsión, los pronósticos de ventas deben condicionar el tipo y forma de la producción y los requerimientos de éstas, las finanzas necesarias.

METODO DE LOS ESTUDIOS ADMINISTRATIVOS

El autor alemán, Luis F. Anderson, afirma que toda *regla* administrativa se basa en un *principio*, y tiende a materializarse en un resultado objetivo mensurable, que él llama *efecto*. Dada nuestra concepción de la materia como una técnica, tal método nos parece adecuado.

1. *Los principios* de la administración, como ya dijimos, son en la mayoría de los casos propios de otras ciencias (al menos hasta ahora). Pero corresponde a nuestra materia escogerlos, estructurarlos y agruparlos en forma adecuada, para que las reglas administrativas puedan deducirse de ellos fácil y correctamente.

2. *El proceso* constituye el núcleo propio de la administración. Son las diversas etapas en que hemos dividido la acción administrativa, y este proceso está normado por reglas, cuya formulación es la tarea específica de nuestra materia.

3. Pero en muchos casos estas reglas son susceptibles de materializarse en *instrumentos* o *medios técnicos* que, aprove-

chando los avances de ciencias como la economía, psicología, etc., ayudan a resolver del modo más eficiente los problemas administrativos, y a lograr el cumplimiento de las reglas. Así, v.gr.: los tests para la selección de personal, las gráficas de salarios en la valuación de puestos, las técnicas de calificación de méritos, etc.

CUESTIONARIO

1. Si la administración es un proceso esencial y constantemente dinámico ¿qué concepto en concreto es el que nos permite reconocer y afirmar que en todo ese proceso hay una unidad?
2. ¿Considera Ud. que reporta alguna utilidad práctica separar las fases, elementos o etapas del proceso administrativo? Justifique esa utilidad.
3. ¿En qué casos resulta más difícil distinguir entre dos fases, elementos o etapas? ¿Por qué razón?
4. Haga Ud. un cuadro comparativo que indique la correspondencia que existe entre los diversos criterios mencionados para distinguir los elementos de la administración.
5. ¿Cuál de los criterios citados le parece el mejor, y por qué?
6. Haga Ud. la crítica de los criterios distintos al que Ud. adopte.
7. ¿Qué relaciones encuentra Ud. entre la previsión y la planeación; entre la organización y la integración; entre la dirección y el control?
8. Señale Ud. un ejemplo de cada una de las tres etapas de la previsión: objetivos, investigación y cursos alternativos.
9. Señale ejemplos de las tres etapas de la plancación: políticas, procedimientos y programas.
10. Haga lo mismo respecto de los tres elementos de la organización: funciones, jerarquías y obligaciones.
11. Haga una cosa semejante respecto de las etapas propias de los elementos de la integración, de la dirección y del control.
12. ¿Qué semejanzas y diferencias señalaría Ud. entre estos pares de etapas?:

> Jerarquía y autoridad.
> Supervisión y operación de controles.
> Programas y establecimiento de controles.
> Investigaciones y la interpretación de controles.

13. ¿Qué relaciones puede Ud. establecer entre los elementos de la administración de personas y los de la de cosas?
14. En la práctica se comienza por aplicar medios técnicos, para con ello lograr un proceso administrativo correcto, a través del cual se cumplan los principios básicos de la administración: ¿no es esto precisamente lo contrario a lo que señala el método de Andersen?

Lecturas que se recomiendan:

1. Allen, L. A. *Management and Organization.* Págs. 24 a 50. Editorial McGraw-Hill Book Inc. New York, 1958.
2. Fayol, H. *Administración Industrial y General.* Págs. 15 a 32. Editorial Argentina de Administración y Finanzas. Buenos, Aires, 1960.
3. Koontz, H. *The Management Theory Jungle.* En: Management, a Book of Readings. Págs. 8 a 17. Koontz y O'Donnell. Editorial Mc Graw-Hill Book Inc. New York, 1964.
4. Koontz, H. y O'Donnell, C. *Principles of Management.* Págs. 26 a 48. Editorial McGraw-Hill Book Inc. New York, 1964.
5. Terry, G. R. *Principios de la Administración.* Págs. 45 a 73. Editorial C.E.C.S.A. México, 1961.
6. Urwick, L. *Los Elementos de la Administración.* Págs. 15 a 22. Editorial Herrero Hermanos, Sucs., S. A. México, 1960.

CAPITULO IV

La empresa

SUMARIO

Razones y problemas de su estudio.—Elementos que forman la empresa.—La unidad empresarial y sus distintos aspectos—El empresario.—Los fines de la empresa.—Los problemas de la magnitud de la empresa.

RAZONES Y PROBLEMAS DE SU ESTUDIO

Hemos afirmado en el primer capítulo que todo grupo social puede y debe ser administrado: de ahí el principio de la universalidad de la administración.

Sin embargo, nuestro estudio se refiere a un aspecto específico de esa administración: el de la empresa privada; por ello tomó como título La Administración de Empresas.

Por lo anterior, creemos que es indispensable abordar el difícil problema de hacer un ensayo para precisar lo que es una empresa. Es indiscutible que la teoría de la administración, aunque es por su naturaleza universal, tomará características específicas y peculiares cuando se aplique a una empresa, y como a ella habremos de referirnos en nuestro estudio posterior, tenemos la necesidad de hacer un esfuerzo por determinar lo que entendemos por empresa.

El concepto de empresa es uno de los más usados en la actualidad: hablamos de trabajar en una empresa, de que vamos a la empresa, etc. Y sin embargo, es a la vez uno de los conceptos más difíciles, cuya exploración aún no está terminada, por hallarse en plena evolución. Siendo usado en una gran cantidad de leyes mercantiles, fiscales, del trabajo, etc., no existe en el mundo, que sepamos, disposición alguna que ensaye siquiera definir este concepto.

A nuestro juicio, una de las dificultades principales de esa definición radica en que la idea de empresa es un concepto analógico; esto es: se aplica a diversas realidades, en sentido parte idéntico, y parte diverso. Creemos y confiamos, por ello, en que la sola separación de esos distintos puntos de vista ayudará a comprender mejor lo que debe entenderse por empresa.

No obstante, consideramos que el problema queda en gran parte en pie. Por ello, trataremos de ayudarnos para su análisis, usando como técnica de investigación el método aristotélico de las cuatro causas:

1. ¿Qué elementos forman la empresa?
2. ¿Qué es lo que da unidad a esos elementos?
3. ¿Cuál es la causa que produce esa unidad, o sea el concepto de empresario?
4. ¿Qué fines persiguen la empresa y cada uno de los elementos que la forman?

ELEMENTOS QUE FORMAN LA EMPRESA

Buscaremos, ante todo, qué elementos son los que integran o componen una empresa; de qué está compuesta; qué cosas puede abarcar.

La empresa está formada, esencialmente, por tres clases de elementos:

A. *Bienes materiales:*

a) Ante todo integran la empresa sus *edificios*, las *instalaciones* que en éstos se realizan para adaptarlas a la labor productiva, la *maquinaria* que tiene por objeto multiplicar la capacidad productiva del trabajo humano, y los *equipos*, o sea todos aquellos *instrumentos* o *herramientas* que complementan y aplican más al detalle la acción de la maquinaria.

b) Las *materias primas*, o sea, aquellas que han de salir transformadas en los productos, v.gr.: madera, hierro, etc.; las *materias auxiliares*, es decir, aquellas que, aunque no forman parte del producto, son necesarias para la producción v.gr.: combustibles, lubricantes, abrasivos, etc.; los *productos terminados:* aunque normalmente se trata de venderlos cuanto antes, es indiscutible que casi siempre hay imposibilidad, y aun conveniencia, de no hacerlo desde luego, v.gr.: para tener un stock a fin de satisfacer pedidos, o para mantenerse siempre en el mercado. Puesto que forman parte del capital, deben considerarse parte de la empresa.

c) Dinero: toda empresa necesita *cierto efectivo:* lo que se tiene como disponible para pagos diarios, urgentes, etc. Pero además, la empresa posee, *como representación del valor de todos los bienes* que antes hemos mencionado, un "capital", constituido por *valores, acciones, obligaciones,* etc.

B. *Hombres:*

Son el elemento eminentemente activo en la empresa y, desde luego, el de máxima dignidad:

a) Existen ante todo *obreros,* o sea, aquellos cuyo trabajo es predominantemente manual: suelen clasificarse en *calificados* y *no calificados,* según que requieran tener conocimientos o pericias especiales antes de ingresar a su puesto. Los *empleados,* o sea, aquellos cuyo trabajo es de categoría más intelectual y de servicio, conocido más bien con el nombre de "oficinesco". Pueden ser también *calificados* o *no calificados.*

b) Existen además los *supervisores,* cuya misión fundamental es vigilar el cumplimiento exacto de los planes y órdenes señalados: su característica es quizá el predominio o igualdad de las funciones técnicas sobre las administrativas.

c) Los *técnicos,* o sea, las personas que, con base en un conjunto de reglas o principios, buscan crear nuevos diseños de productos, sistemas administrativos, métodos, controles, etc.

d) Altos ejecutivos, o sea, aquellos en quienes predomina la función administrativa sobre la técnica.

e) Directores, cuya función básica es la de fijar los grandes objetivos y políticas, aprobar los planes más generales y revisar los resultados finales.

C. *Sistemas:*

Son las relaciones estables en que deben coordinarse las diversas cosas, las diversas personas, o éstas con aquéllas. Puede decirse que son los bienes inmateriales de la empresa:

a) Existen *sistemas de producción,* tales como fórmulas, patentes, métodos, etc.; *sistemas de ventas,* como el autoservicio, la venta a domicilio, o a crédito, etc.; *sistemas de finanzas*, como por ejemplo, las distintas combinaciones de capital propio y prestado, etc.

b) Existen además *sistemas de organización y administración*, consistentes en la forma como debe estar estructurada la empresa: es decir, su separación de funciones, su número de niveles jerárquicos, el grado de centralización o descentralización, etc.

LA UNIDAD EMPRESARIAL Y SUS DISTINTOS ASPECTOS

Estudiaremos esta unidad, desde cuatro ángulos distintos:

A. *Aspecto económico*

Es, indiscutiblemente el fundamental y primero. En este sentido, la empresa es considerada como *"una unidad de producción de bienes y servicios para satisfacer un mercado"*.

Destaca en este concepto que todas las máquinas, sistemas y personas tienen un fin común, que hace que se coordinen: producir determinados bienes, o bien ciertos servicios que, por ser más intangibles, resulta a veces difícil apreciar, tales como: información turística, publicidad, etc. Se añade la idea de que esa producción sea "para un mercado", porque ciertas secciones de una empresa pueden llegar a producir bienes o servicios, sólo como base para el trabajo de otras secciones distintas, y no para colocarlos en un mercado: así, una fábrica puede producir celulosa y colocarla en el mercado, formando una empresa; en otra, en cambio, se produce celulosa, sólo como un paso para producir papel, que es el que se coloca en el mercado: esta sección no forma una empresa. Lo anterior indica muy claramente que debe tomarse en cuenta la intención del empresario.

Similares al concepto económico de empresa son el concepto italiano de *"hacienda"*, o sea "la universalidad o masa de bienes"; esto indica que toma sólo el aspecto material, y prescinde del humano. Tiene también relación con lo anterior el concepto francés de *"establecimiento"*, o sea "la unidad técnica de producción, sin autonomía financiera"; tal ocurre con sucursales, agencias o secciones que en su técnica de producción funcionan separadas, pero cuyo capital, utilidades y mando están subordinadas a otra empresa mayor.

B. *Aspecto jurídico*

Es indiscutible que la mera unidad económica puede a veces no ser suficiente, sino que debe existir otra distinta, sobre todo cuando se trata de empresas cuya propietaria es una sociedad.

En efecto cuando la empresa es propiedad de una sola persona, los derechos y obligaciones de esa empresa obviamente se identifican casi totalmente con los de su dueño, aunque adquieran ciertas características peculiares. Más, cuando la propietaria es una persona moral, o sociedad, cualquiera que sea su naturaleza y estructura (civil, mercantil, de personas, de capitales, etc.), es indiscutible que los derechos y obligaciones de la empresa no se identifican, en muchos casos, y aún pueden ser opuestos, a los de cada uno de los integrantes de esa sociedad.

De lo anterior se deduce que cuando jurídicamente existe una sola sociedad, propietaria de distintas unidades económieas, y esa propiedad se tiene o considera como algo indiviso, al menos para los efectos jurídicos debe considerarse una sola empresa.

Esa indivisión patrimonial se refleja principalmente en la unidad contable de los resultados finales. Así, v.gr.: puede ocurrir que una misma sociedad sea propietaria de varias empresas o distintas negociaciones, pero considerando cada una de ellas como una unidad económica con contabilidad separada. Puede ocurrir, por el contrario, que la sociedad propietaria mezcle contablemente los resultados económicos de las distintas empresas que posee, en cuyo caso, al menos para efectos jurídicos, sólo existe una empresa, como hemos señalado.

De lo anterior se deduce que, tratándose de empresas personales morales, si existen diversas sociedades, deben considerarse jurídicamente distintas empresas; si existe una misma sociedad, debe verse la unidad o pluralidad de patrimonios y contabilidades para determinar si se trata de una o varias empresas.

El fundamento de los aspectos jurídicos en la empresa, está formado ante todo por las disposiciones constitucionales que garantizan el derecho de propiedad y reglamenten su uso y sus limitaciones, lo cual ocurre principalmente en el Art. 27 Constitucional. Deben considerarse también las demás leyes reglamentarias, en especial la Ley de Sociedades Mercantiles y otras leyes conexas a ésta.

Pero más en concreto, debe tomarse en cuenta la escritura social constitutiva, en todo cuanto no sea contrario a las leyes mencionadas, ya que es esa escritura la que determina las características particulares de la empresa.

C. *Aspecto administrativo*

Siendo la esencia de lo administrativo la coordinación, que se realiza por medio del mando, la unidad administrativa es la que resulta de la gestión común: o sea el mando, concentrado en último término, sea en una persona (unidad real), o en una asamblea o grupo de personas (unidad ficta).

Podemos pues decir que, desde el punto de vista administrativo, la unidad de la empresa está representada por la fuente común de decisiones finales, que coordina las distintas actividades para el logro del mismo fin.

Así, puede ocurrir que existan dos empresas que, aunque jurídica y económicamente hablando, son distintas, pertenecen al mismo propietario; pero que alguna, o algunas de ellas, no sean para dicho propietario más que un medio para mejor lograr los fines de otra: creemos que, en este supuesto, y por lo que hace al aspecto administrativo, se trata de una sola empresa.

Siendo el instrumento fundamental de lo administrativo el mando, es indiscutible que su fundamento son las disposiciones legales que permiten ejercer ese mando. Estas disposiciones están contenidas, ante todo, en la Constitución Política de los Estados Unidos Mexicanos, y en particular en el Art. 123 que reglamenta las relaciones obrero-patronales.

Estas disposiciones son complementadas por las diversas leyes reglamentarias de este artículo, y en especial por la Ley Federal del Trabajo, la del Seguro Social, etc. Pero la fuente inmediata de este mando se halla en la contratación del trabajo, sea individual o colectiva, escrita o verbal.

Además de este fundamento, el instrumento inmediato para esa coordinación del mando, se encuentra en la estructura de la organización, o sea en las líneas de mando establecidas, los niveles jerárquicos señalados, las facultades delegadas a cada puesto, todo lo cual suele expresarse fundamentalmente en las cartas y manuales de organización y en los análisis de puestos ejecutivos.

D. *Unidad sociológica*

Además de las unidades que hemos visto hasta ahora, existe una más: la sociológica, que es la que resulta y exige la comunidad de vida, de interacción, de ideas y de interés que se realiza en la empresa.

Es indiscutible que la convivencia ejerce poderosamente su influjo en el seno de la empresa, y viceversa. Las empresas ejercen su influjo y ponen su impronta en la vida social; así, distinguimos inclusive los tipos de trabajadores de cada rama, de cada región y, a veces, hasta de cada empresa.

El desarrollo de la empresa es imposible sin un vínculo social estrecho y duradero. Ello implica, y realiza por otra parte, una solidaridad entre todos los elementos que trabajan en una empresa: dueños, jefes, trabajadores, empleados, etc. Todos ellos tienen intereses comunes, como son los de la subsistencia de la empresa, los de su desarrollo adecuado, los de su progreso, etc.

Por ello, las corrientes modernas reconocen la necesidad de que el trabajador, como lo exige su dignidad de persona, no sea un elemento meramente pasivo y silencioso, sino que tenga cierta intervención, por lo menos en las características de la vida social de la empresa, y aún en las de tipo económico, dentro de ciertos límites. Todo ello se funda, a nuestro juicio, en que con frecuencia se dan en los trabajadores algunos elementos de la función empresarial.

E. *Mirada de conjunto.*

Habremos observado que ninguno de estos criterios basta por sí solo para determinar lo que es empresa, ni si se da la existencia de una o varias, aunque cada uno de ellos sea suficiente para resolver los problemas dentro del campo respectivo.

Así, si se trata del arreglo económico de la empresa, de su organización técnica productiva, habrá que atender a la unidad económica. Si se trata de la fijación de derechos y deberes, tendrá que tomarse en cuenta la unidad jurídica. Cuando se busque la resolución de problemas administrativos, habrá que atender a este tipo de unidad; y cuando se trate de la solución de problemas sociológicos, morales, etc., habrá que tomar en cuenta la más amplia unidad social.

Podemos decir también que la unidad económica mira principalmente a los bienes; la social, a la de los hombres que forma la empresa y la administrativa a la estructuración de esos hombres y bienes.

Como se ve, el concepto de empresa puede variar, y de hecho variará, según el aspecto de que se trate. Así, puede ocurrir que varias empresas económicamente hablando, formen jurídicamente una sola, por estar ligadas por la misma escritura social y mezclar su contabilidad y utilidades. Por el contrario, puede suceder que una misma empresa desde el punto de vista económico, se divida en varias jurídicamente, separando las utilidades o pérdidas de cada sección. Puede ocurrir también que empresas, económica y jurídicamente distintas, estén bajo el mando de un mismo dueño y, por la estructura de organización que se les dé, administrativamente formen una sola empresa.

EL EMPRESARIO

Habiendo estudiado aquello que forma la empresa y lo que le da unidad formal, debemos estudiar cuál es su causa eficiente, o sea, aquella que con su acción directamente produce o hace actuar la empresa.

Si la esencia de la empresa se encuentra en la coordinación de capital y trabajo, y de las funciones técnicas que, completadas y coordinadas, logran la producción de bienes y servicios para el mercado, quien realice esta coordinación, será el empresario.

Debe advertirse que, en la compleja empresa moderna, a veces es difícil encontrar una persona en quien se dé exclusiva y nítidamente la función empresarial: de hecho, esta función parece repartirse entre muchos de los que integran la empresa; quizá de *algún modo* se halla en todos, según las modernas corrientes de pensamiento social, sin perjuicio de que, en determinada persona o personas, se encuentren con mayor intensidad los elementos fundamentales de la empresa que particularmente requiere.

Analizaremos, por consiguiente, los principales elementos que integran esa función empresarial:

a) *Asunción de riesgos:* suele ser el elemento más claro, el que más destacan los diversos tratadistas: es empresario aquel *que liga su suerte con la de la empresa.* Así, el capitalista que presta a interés, o el obligacionista que garantiza su préstamo y recibe intereses fijos, no merecen el nombre de empresarios, porque no arriesgan nada, ni sus ganancias dependen de la prosperidad de la empresa.

b) *Creatividad o innovación:* quien tiene la idea que hace surgir la empresa, quien, por lo menos, tiene la idea de ampliarla, cambiar su objetivo, añadir nuevos productos, adaptar nuevos sistemas de producción, ventas, etc., debe ser considerado empresario.

Obviamente, debe considerarse que esa misma creatividad, aunque en grado inferior y parcial, suele darse en un gran número de funcionarios y técnicos dentro de la empresa: por eso, de algún modo están quizá vinculados a la función empresarial.

c) *Decisiones fundamentales y finales:* otra de las características esenciales que se señalan respecto del empresario, es que debe tratarse de la persona que, en último término decide, en forma inapelable, aquellas funciones y actividades de las que depende la vida de la empresa.

Es cierto que tan pronto como la empresa comienza a crecer, es indispensable que por delegación comunique a otros funcionarios inferiores la capacidad de decidir en muchos aspectos; pero éstos sólo pueden hacerlo dentro de los límites que se les han señalado, y, en último término, sus decisiones pueden ser revisadas y cambiadas por el jefe supremo, individual o colectivo.

En adición a estos tres caracteres esenciales en el empresario, existen otros que vienen siendo consecuencia de ellos. Destacan los siguientes:

d) *Designación de funcionarios:* puede considerarse englobada en el apartado c), y puede ser más o menos amplia: así, puede ocurrir que el empresario se limite a nombrar al más alto ejecutivo, y deje a éste la responsabilidad de todos los demás nombramientos. En la práctica, en otros casos (y esto es lo más frecuente) revisa por lo menos los nombramientos de los altos ejecutivos.

e) *Delegación:* es igualmente una consecuencia ya señalada en el inciso c): es empresario aquel en quien se encuentra toda la suma de facultades para todas las funciones, y en todos los grados; en cada caso delega las que cree necesarias, a cada jefe, de cada nivel.

f) *Fijación de los grandes objetivos y políticas:* es una función derivada del inciso b): cualquiera que sea la delegación que el empresario haga, siempre dependerá de él exclusivamente la determinación de las metas que la empresa se propone alcanzar, y de las normas más amplias a través de las cuales pretende lograrlas.

g) *Control:* el empresario, precisamente para poder fijar los objetivos y políticas mencionadas, tiene que conocer al menos los resultados generales cada cierto tiempo, a fin de saber si los objetivos se han cumplido, y hacer los cambios, adiciones, correcciones, etc., que fueren necesarios.

h) *Aprobación de los lineamientos generales de la organización de la empresa:* aunque esto podría dejarse a los funcionarios ejecutivos, frecuentemente suele ser revisado por el empresario, por estar vinculado a los grandes objetivos.

Si se pudiera pensar en un *empresario típico,* que rara vez se encuentra, cabría mencionar el caso de aquellas personas que, teniendo la idea de una producción determinada, consiguen de unas personas el capital, buscando que otras aporten los muy distintos tipos de trabajo que pueden requerirse, y, fijando los grandes objetivos y políticas, y tomando las decisiones finales, asumen casi exclusivamente el riesgo que han creado. Así, v.gr.: podría citarse el caso de un productor de cine, que encarga a unos el desarrollo del argumento, a otros la dirección de la película, busca los actores adecuados, contrata el trabajo de los técnicos necesarios, de las agencias de publicidad, y todo ello financiado a base de préstamos de bancos o de otras personas o instituciones que aportan el capital prestado, en virtud del prestigio personal del productor o empresario.

Relaciones entre empresario y dueño

En la empresa de propiedad individual, es indiscutible que el empresario se confunde con el dueño, ya que en él se dan los elementos apuntados. Pudiera pensarse, no obstante, a la luz de las nuevas corrientes sociológicas, y aun jurídicas, que algunos elementos como la creatividad parcial, la fijación de objetivos particulares, etc., pueden de algún modo encontrarse vinculados a otros jefes y aun empleados y trabajadores, lo que justificaría las modernas corrientes sobre participación de utilidades, cogestión, etc.

En las empresas de propiedad colectiva o social, la función empresarial se vincula a la persona moral que resulta dueña de la empresa. Más adelante analizaremos en detalle este problema. Pero cabe hacer notar que, en este caso, necesariamente la función empresarial comienza a disgregarse más.

Relaciones entre empresario y gerente profesional

En la gran empresa moderna es muy frecuente que el dueño, ordinariamente persona moral o sociedad, encomiende su dirección a un gerente o director profesional.

Este es, indiscutiblemente, un mero representante o mandatario del dueño. Las funciones que realiza, jamás las hace por su propia autoridad; no asume más riesgo que el de perder su puesto o su prestigio; pero las decisiones que toma, tienen que ser, en la mayor parte de los casos, refrendadas, al menos a base de no intervención, por los empresarios, y aun pueden ser cambiadas; pero no cabe duda que en gran parte asume la función de creatividad y de fijación de objetivos y políticas, o, por lo menos, su sugerencia. Puede decirse, a nuestro juicio, que sin ser empresario, en gran parte asume ciertas funciones empresariales.

Relaciones entre empresario e innovador técnico

Es increíble el gran número de sistemas, funciones, fórmulas, etc. que en la actualidad son creadas y sugeridas por empleados a sueldo, y que, sin embargo, producen un inmenso beneficio a la empresa. A nuestro juicio, esto mismo hace que, al menos en su conjunto, todos estos jefes y empleados asuman parte de la función empresarial. Sin embargo, debe recordarse que ellos no tienen ni los riesgos, ni siquiera la decisión sobre si se adoptarán o no las medidas que proponen.

Relaciones entre empresario y accionistas

En la empresa que es auténticamente una sociedad anónima, sobre todo cuando sus acciones se colocan en el mercado, y principalmente si se establecen cláusulas que prohiben poseer más de un determinado porcentaje de ellas a la misma persona o institución, es muy frecuente que la mayoría de esas acciones sean detentadas por un pequeño número de accionistas, que ni siquiera se conocen, ejerciendo en cambio la dirección algunas instituciones, o un grupo de hombres de negocios que, con un mínimo de acciones, pero por representar un porcentaje mayor que los que poseen individualmente cada uno de los demás, dominan las asambleas.

En esas condiciones, es indiscutible que ese grupo, poseedor de un porcentaje que permite decidir, constituye el empresario principal.

Más ¿qué ocurre con todo el gran número de pequeños accionistas que, teórica y aun jurídicamente, tienen posibilidad de decidir, que asume el riesgo limitado de su acción, pero que en la práctica no ejercen ninguna fuerza efectiva en la empresa? Alguien ha dicho que sociológicamente, y en la realidad, apenas difieren de los meros acreedores de la empresa, aunque por cantidades ciertamente variables. A nuestro juicio, como en otros casos, tienen ciertas funciones empresariales, pero no constituyen el empresario principal.

Análisis de la función en aspectos especiales

a) *Empresas auténticamente artesanas.* Como se sabe, son aquellas en las que el trabajador labora con instrumentos de su propiedad y sin utilizar trabajo ajeno, al menos en forma importante: v.gr.: zapateros, herreros, etc. Es obvio que en ellos, confundiéndose el capital con el trabajo, el empresario está representado por esa misma persona.

b) *Empresa familiar.* Con frecuencia, los miembros, más o menos directos, de una misma familia, trabajan en conjunto con instrumentos cuya propiedad no está claramente definida respecto de cada uno de ellos. Las decisiones suele tomarlas alguna de las personas que forman ese pequeño grupo.

Indiscutiblemente la función empresarial se encuentra casi en todos, pero suele predominar en alguno que, por su ascendiente, sus capacidades, etc. dirige a los demás.

c) *Empresas cooperativas de producción y de consumo.* Como se sabe, la cooperativa se caracteriza porque el capital es aportado en partes necesariamente iguales por los propios trabajadores, quienes deben recibir parte de las utilidades o beneficios obtenidos, en forma exactamente igual, y sin poder utilizar trabajo ajeno.

De hecho, el conjunto o la mayoría de cooperativistas asume la función empresarial. En la práctica, suele destacarse alguno que, por designación, o de hecho, la asume principalmente.

LOS FINES DE LA EMPRESA

A nuestro juicio debe hacerse aquí una distinción, cuyo olvido suele producir grandes confusiones: una cosa es buscar los *fines de la empresa, objetivamente considerada,* y otra muy diversa es analizar cuáles son *los fines que persiguen, él, o los empresarios:*

A) *Fines de la empresa objetivamente considerada*

a) *Su fin inmediato:* es "la producción de bienes y servicios para un mercado". En efecto: no hay ninguna empresa que no se establezca para lograr este fin directo, independientemente de los fines que se pretendan llenar con esa producción.

b) *Fines mediatos:* supone esto, analizar qué se busca con esa producción de bienes y servicios. A nuestro juicio, debe hacerse aquí una división entre la empresa pública y privada:

La empresa privada:

Busca la *obtención de un beneficio económico mediante la satisfacción de alguna necesidad de orden general o social.*

Hemos hablado de un beneficio económico más bien que de "utilidades", para comprender todos los casos, fijándonos sólo en la diferencia entre lo que se invierte y lo que se obtiene. Hemos señalado también que esto no puede obtenerse, si la producción de la empresa no está respondiendo a una necesidad más o menos generalizada o social: cuando esta necesidad desaparece, la empresa pierde su razón de ser, y tiene que cerrar.

La empresa pública:

Tiene como fin *satisfacer una necesidad de carácter general o social,*
pudiendo obtener, o no, beneficios.

(Nótese que son los mismos términos del caso anterior, pero invertidos en su orden).

La empresa pública podrá trabajar obteniendo beneficios; pero puede ocurrir también que se haya planeado aun a base de pérdidas, porque el fin del Estado como empresario, no puede ser obtener lucros, sino satisfacer necesidades.

B) *Finalidades subjetivas del empresario*

La finalidad natural, es la obtención de utilidades justas y adecuadas: esto es lo que mueve de suyo a todo empresario a crear y mantener la empresa.

Pueden existir, y de hecho existen, *finalidades colaterales,* tales como *la obtención de un prestigio social,* la *satisfacción de una tendencia creadora,* el *cumplimiento de una responsabilidad social,* el *abrir fuentes de trabajo,* etc. etc.

Debe advertirse que estas finalidades, pueden, en forma artificiosa, colocarse en primer lugar, v.gr.: en un hombre de negocios que ya obtiene en otras empresas lo necesario para su vida.

C) *Finalidades de otros elementos*

Por cuanto hace a los demás elementos que intervienen en la empresa, como pueden tener algunas funciones empresariales, señalaremos los fines que se proponen al trabajar en la misma.

Por parte de los empleados, técnicos y jefes. Además de la obtención de un sueldo para sostenerse, suelen buscar el mejoramiento de su posición social, su expresión personal, la seguridad en su trabajo, la garantía de su futuro, etc.

El obrero. Al igual que el empleado, suele buscar salario justo, condiciones de trabajo adecuadas, mejoramiento, seguridad, etc.

El capitalista. Suele tratar de conseguir réditos adecuados a su capital, seguridad en su inversión, etc.

LOS PROBLEMAS DE LA MAGNITUD DE LA EMPRESA

Probablemente es uno de los más discutidos, ya que existen las más divergentes opiniones entre los autores.

En la práctica suelen aceptarse tres tipos de empresas en razón de su magnitud: pequeña, mediana y grande. Esta división tripartita es obvia y natural: representa la máxima facilidad, pues basta con pensar en dos extremos que, por lo mismo, son claramente definibles, y deja un tercer miembro de la división, como término medio, que es al que ordinariamente suelen acompañar las mayores imprecisiones y vaguedades: empresa mediana suele considerarse la que no es, ni pequeña, ni grande; o sea: se la define en forma puramente negativa.

Dado que las razones que los autores exponen no nos parecen en ningún caso de mayor claridad que el uso práctico y común, tomaremos no obstante como base la división vulgar, no sin reconocer todas sus limitaciones y deficiencias.

Importancia del problema

Podría parecer a primera vista, que no tiene mayor importancia la clasificación de empresas por su tamaño, y que sólo se trata de un prurito de clasificación o tecnicismo. La realidad es diferente: la necesidad de clasificar a las empresas en razón de su tamaño, deriva del hecho de que este mismo tamaño, plantea problemas sumamente distintos, y a veces radicalmente opuestos v.gr.: entre una empresa pequeña y otra mediana.

¿Magnitud absoluta, o relativa?

Otro de los problemas para realizar este análisis, radica en determinar si existe un criterio objetivo para fijar la magnitud de la empresa, el que, por lo mismo, sea idéntico en toda clase de países, tiempo y condiciones; o, por el contrario, lo que puede ser una empresa mediana o aun grande en un país en desarrollo, comparada con las demás, resultaría apenas pequeña en un país de desarrollo industrial pujante.

Es indiscutible que, para cierto tipo de problemas, v.gr.: de mercados y ventas, de competencia, de costos, etc., la comparación de unas empresas con otras origina problemas muy diversos; sin embargo, consideramos que para los aspectos meramente administrativos, que son los que analizaremos, la influencia de esta magnitud relativa no es de ordinario decisiva, como lo son otros factores.

Reconociendo, pues, la necesidad de tomar eventualmente en cuenta este aspecto relativo, para mayor claridad prescindiremos normalmente de él.

¿Existe un solo criterio de magnitud?

Otro problema radica en el hecho de que no existe un criterio respecto a la magnitud de las empresas, que obre en el mismo sentido en todos los aspectos de la vida de éstas.

A. Criterio de mercadotecnia

Así, v.gr.: una empresa puede ser pequeña o grande en razón del mercado que domina y abastece; por ejemplo: podríamos pensar en empresas que sólo abastecen el mercado local; otras que controlan toda una región; otras que llegan a todo el mercado nacional, y otras que de suyo son conocidas y actúan en amplísimos mercados internacionales. En cada uno de estos casos, podrían distinguirse tres situaciones: a) la empresa está presente en los respectivos mercados, pero sólo en forma minoritaria; b) se encuentra en plena competencia con las similares a ella; o c) de alguna manera predomina en dichos mercados, o inclusive actúa en forma monopólica. Es obvio que los problemas en materia de mercados y ventas serán distintos en cada uno de los supuestos que hemos mencionado.

B. Criterio de producción

Por cuanto hace a este aspecto, puede pensarse también en una amplia gama de tipos, que abarcan, desde la empresa prácticamente artesanal, en la que el trabajo del hombre es decisivo, y las máquinas y equipos se reducen a unos cuantos instrumentos de trabajo; aquellas otras que, aun cuando están bastante maquinizadas, todavía ocupan gran cantidad de mano de obra, como ocurre, por ejemplo, con las muy antiguas; las empresas donde la maquinización es muy intensa y el número de trabajadores relativamente bajo; y aquellas otras en donde predomina una intensa técnica de automatización, inclusive con aprovechamiento o utilización de una serie de procedimientos de retroalimentación (feed-back), que hacen a la máquina prácticamente regularse a sí misma.

Es indiscutible que para los problemas de costo, calidad, posibilidad de abastecer mercados, etc., estos diversos supuestos influirán en forma distinta, determinando, por lo mismo, algunos aspectos administrativos también diversos.

C. *Criterio financiero*

Por razón de su capital, puede pensarse en toda una serie de modalidades determinadas por el tamaño. Podría, v.gr.: adoptarse como práctico y sencillo un criterio conexo con lo fiscal, que distinguiera en las empresas de propiedad individual, aquellas que sean causantes menores, de las consideradas como causantes mayores y, en este último supuesto, diferenciara las que alcanzan los niveles que en la anterior ley se consideraban como utilidades excedentes. Respecto de las empresas que sean auténticamente sociedades, establecer diferencias según ciertos niveles de capital en giro, o bien según que las acciones en que representan su capital se hallen o no en el mercado, o según el porcentaje que forma la mayoría que ejerce control sobre la empresa, hasta llegar a las diversas formas de Holding Trusts, y los poderosos imperios industriales que conocemos.

Debe advertirse que los diversos criterios mencionados respecto de la magnitud se influyen mutuamente y, a veces, en sentido opuesto: así, por ejemplo, la mecanización de una empresa suele ser condición necesaria para la amplitud de sus mercados; la capitalización, influye en sentido inverso sobre la cantidad de personal que necesite, etc.

Criterios que seguiremos

Aunque los criterios anteriores, fundados en las tres funciones básicas de toda empresa: producción de bienes o servicios, su distribución y su financiamiento, influyen en lo administrativo, para nuestros fines analizaremos fundamentalmente dos criterios que, consideramos, son los que definitivamente determinan en forma directa el surgimiento de problemas administrativos diversos: estos dos criterios son: *la cantidad de personal ocupado*, y *la complejidad de la organización de la empresa*. Obviamente se comprende que ambos criterios van, de suyo, normalmente ligados.

De antemano queremos advertir que, más que señalar números precisos —aunque nos atreveremos a hacer al respecto algún ensayo—, trataremos preferentemente de fijar los criterios que rigen cada una de estas magnitudes, con el fin principal de deducir los problemas que corresponden a cada tipo de empresa.

Queremos también dejar aclarado que, como lo señalamos al principio, en una división tripartita es más fácil, casi necesario, comenzar por definir los extremos, para después determinar las características y problemas del tipo medio, que, por cierto, es quizá el que predomine en su influencia en un país en desarrollo como el nuestro.

I. *Criterios básicos en materia de personal*

a) En este aspecto, el primer criterio es, a nuestro juicio, la posibilidad que los altos directivos tienen para conocer, tratar y resolver directamente sus problemas, a todo el personal de la empresa. Ya hemos visto cómo algunos autores, aunque exagerando, insisten en la importancia que tiene el aspecto sociológico.

En la pequeña empresa, lo característico a este respecto consiste en que el dueño o gerente conocen, o pueden conocer, a todos sus trabajadores; están en la posibilidad de identificarlos; los tratan con frecuencia y, tan de cerca, que podrían de suyo calificar su actuación, resolver sus problemas, etc.

En la gran empresa, por el contrario, resulta físicamente imposible que los altos directivos, que tienen que tomar las decisiones fundamentales, fijar políticas, etc., puedan conocer a la inmensa mayoría de su personal, en razón de su número; están imposibilitados de tratar y resolver sus problemas; probablemente no tienen oportunidad siquiera de conocer sus nombres y, quizá, ni siquiera muchos empleados o trabajadores conozcan personalmente a esos altos directivos; para ellos la empresa se identifica con sus jefes inmediatos, llegando al grado de desconocer en ocasiones aun las actividades a que se dedica la empresa.

Es obvio que estas dos diferentes magnitudes engendran problemas administrativos sumamente diversos.

b) El segundo criterio fundamental radica, en nuestra opinión, en que *en la pequeña empresa,* los problemas técnicos de producción, de ventas, de finanzas, etc., son de tal manera elementales, y tan reducidos en número, que, de hecho, el dueño o gerente puede resolverlos todos, y aun suele hacerlo así. La necesidad de técnicos y especialistas es, por lo mismo, bastante reducida.

En la gran empresa, por el contrario, la complejidad es de tal naturaleza, que sería materialmente imposible que un alto ejecutivo o directivo estuviera en la posibilidad de conocer las diversas técnicas empleadas para la producción de bienes o servicios, la utilización de los múltiples sistemas, etc., y, por ello, tiene que emplear un gran número de técnicos a quienes él, sólo coordina, pero que son los que habrán de tomar la mayor parte de las decisiones concretas, aunque dentro de los objetivos y políticas generales. Ya hemos hecho notar cómo, en este tipo de empresas, es donde la función administrativa se depura, ya que el gerente, director, etc., reduce su papel a una coordinación mucho más científica, eliminándose de su actuación funciones directamente productivas, comerciales, etc.

c) El tercer criterio, consecuencia directa de los dos anteriores, radica en que, *en la pequeña empresa,* la centralización, —esto es, la posibilidad de tomar todas las decisiones de importancia en el más alto nivel, como lo estudiaremos en el capítulo de organización— es, no sólo posible, sino en cierto sentido necesaria; en cambio, *en la gran empresa,* la descentralización es del mismo modo necesaria y natural, para que la empresa sea eficiente, ya que la falta de conocimiento de las diversas técnicas, la dificultad, o aun imposibilidad de conocer adecuadamente a las personas y situaciones en los niveles de operación, la necesidad de no retardar decisiones que tendrían que ascender por la línea jerárquica en consulta, y después descender en resolución, etc., implican una ineludible necesidad de delegar.

II. *Criterios secundarios en materia de personal*

A las características fundamentales señaladas respecto de las empresas pequeñas y grandes, pueden añadirse las siguientes, como derivadas de ellas, y complementarias para la fijación de su magnitud, pero, sobre todo, de sus características y problemas:

a) *En la pequeña empresa*

1. El administrador supremo dedica sólo parte de su tiempo a cuestiones administrativas, pues lo absorbe una gran cantidad de problemas técnicos de producción, de finanzas, de ventas, de personal, etc.

Ordinariamente, de acuerdo, no sólo con las características de la empresa, sino aun con las preferencias de ese supremo administrador, derivadas de sus estudios, psicología, etc., suele dar preferencia o poner el acento en uno de estos aspectos, en ocasiones, aun con detrimento de los otros.

2. Como una consecuencia de lo anterior, o no existen verdaderos especialistas en las funciones principales de la empresa, —menos aún para las de carácter administrativo— o sus decisiones en la marcha de la empresa son de efecto casi nulo, estando más bien encargados de vigilar la ejecución de las órdenes del administrador único.

3. Son más frecuentes para solucionar los problemas los procedimientos de carácter informal y aun puede decirse que quizá sean más efectivos, porque el conocimiento de las características, capacidades, etc., de cada uno de los trabajadores, la escasa complejidad de dichos problemas etc., suple con ventaja la pobre tecnificación de los procedimientos y trámites administrativos.

4. No se requieren grandes previsiones o planeaciones, sino que, por lo menos en la práctica, suele trabajarse más bien sobre la base de ir resolviendo los problemas conforme se vayan presentando.

5. Es mucho más factible una gran centralización, y, en cierto sentido, puede ser más conveniente, por la rapidez y unidad que imprime a todos los trámites, sin que dañe la posibilidad efectiva de atender todos los negocios.

6. No se requiere de trámites burocráticos, ni de gran papeleo, que suelen ser más bien dañosos.

b) *En la grande empresa*

1. El administrador o los administradores, colocados en la más alta jerarquía, no sólo dedican la mayor parte de su tiempo a las funciones típicamente administrativas o de coordinación, sino que requieren un staff, más o menos grande, de personas que los ayuden a administrar: así, v.gr.: una serie de subgerentes administrativos, y grupos muy completos de técnicos en ventas, compras, finanzas, y en funciones más típicamente gerenciales, de planeación, organización, etc.

2. Se requiere un grupo muy grande de especialistas, porque es imposible que los altos ejecutivos conozcan con profundidad toda la inmensa cantidad de técnicas e instrumentos concretos, detallados y cambiantes que cada día surgen sobre producción, finanzas, ventas, etc.

3. Se impone, por lo mismo, en forma casi ineludible un mayor grado de descentralización, delegando muchas funciones a jefes y aun empleados, que serán los únicos capacitados para decidir dentro de políticas y normas que se les fijan, una gran cantidad de problemas, que serían mal resueltos en los altos niveles, por el forzoso desconocimiento que en ellos se tiene, ya de los aspectos técnicos concretos, ya de las situaciones de ambientes y de personas que privan en cada problema, y porque, además, se retrasarían grandemente los trámites al exigir decisiones que pasaran por todos los niveles, o, bien habría que saltarse éstos, con los daños que produce el rompimiento de la vía jerárquica.

4. Son indispensables una previsión y planeación realizadas a más largo plazo y, por lo mismo, más técnicas, detalladas y formales.

5. Como resultado de lo anterior, es indispensable estar siempre desarrollando y vigilando una mayor cantidad de técnicas de comunicación formal, ya que ésta tenderá a dificultarse; al mismo tiempo, habrá necesidad de ejercer mayor cuidado sobre la comunicación informal, a fin de evitar que ésta, por su natural tendencia a distorsionar la información, cause daños a la empresa.

6. Se convierte en problema vital el desarrollo de ejecutivos, esto es, los planes para preparar con mucha anticipación, un número suficiente de personas que, no sólo tengan los

conocimientos indispensables para ir ocupando los puestos que queden en la empresa por ascensos, vacantes o expansiones, sino que reciban un adiestramiento práctico en estos difíciles problemas y desarrollen en ellos mismos las cualidades necesarias.

7. Por todo lo anterior, es necesario fijar con mucha precisión toda una serie de técnicas de comunicación formal como reportes, controles, estadísticas, etc., ya que sin ellas se perdería la unidad de la empresa.

c) *Características de la mediana empresa*

Como ya hemos señalado, es quizá la más difícil de definir, porque, en realidad, se deja para ella un amplio grupo de empresas, que no tienen ni las características, ni los problemas de las otras dos.

Nos contentaremos con señalar algunos de esos problemas, ya que, como hemos dicho, nuestra división obedece más a la posibilidad de enfrentar éstos, que a un prurito de clasificación.

1. Ante todo, suele ser una empresa en ritmo de crecimiento más impresionante que las otras dos. En efecto: la empresa pequeña suele dilatar más para pasar al rango medio; la grande más bien tiende a asociarse con otras o a crear otras nuevas, sin cambiar ya directamente sus grandes líneas de organización. La empresa mediana, por el contrario, sobre todo en un país en desarrollo, como el nuestro, con ampliación de mercados, crecimiento de la población, etc., si está bien administrada, suele tender más rápidamente a alcanzar la magnitud de la gran empresa.

2. Consecuencia de lo anterior es la dificultad para determinar cuál es la verdadera etapa en que se halla: frecuentemente se le confunde todavía con la pequeña, o a veces se le identifica con la grande. Esto deriva, a nuestro juicio, de que en realidad, suele presentar los problemas de los dos extremos, y más bien carecer de los beneficios que son característicos de ellos.

A nuestro juicio, para tratar de determinar cuál es su verdadero tipo, conviene analizar la cantidad y calidad de las decisiones que se están tomando en la alta y mediana gerencia; la prioridad que se está dando en estos niveles a las funciones de tipo administrativo, sobre las meramente técnicas; las relaciones que están surgiendo entre los departamentos (v.gr.: si son formales o informales), etc.

3. En este tipo de empresas, como consecuencia de ese crecimiento, se *siente la necesidad imprescindible* de ir realizando una mayor descentralización, y consiguientemente, de delegar.

Esto suele manifestarse en que los altos jefes sienten cada día más lleno e imposible de cumplir su tramo de control, problema que ordinariamente están resolviendo a base de "ayudantes", medio que no es realmente técnico.

4. Otra característica puede ser el que se va sintiendo la necesidad de hacer cambios, no meramente cuantitativos, sino verdaderamente cualitativos: esto es, no solamente se presenta la necesidad de añadir más personas a una operación, o más operaciones a una misma función, sino que van apareciendo otras funciones distintas, que antes no habían sido necesarias.

5. La alta gerencia comienza a sentir la necesidad de poseer una serie de conocimientos técnico-administrativos, que anteriormente no habían requerido. Creemos que vale la pena señalar aquí, el riesgo consistente en que, como los gerentes, obvia, natural y necesariamente, van subiendo de los niveles inferiores, donde han podido resolver problemas aparentemente similares, pueden creer que son capaces de seguir resolviéndolo todo eficazmente.

6. En relación con lo anterior, comienzan a presentarse a la gerencia como hechos indiscutibles, situaciones por las que se va dando cuenta de que ya no conoce todo lo que pasa en la empresa, no lo controla todo, y empieza a perder contacto con la inmensa mayoría del personal.

7. Paralelamente, comienza a sentirse la necesidad de hacer planes más amplios y más detallados, requiriendo, por lo tanto, de cierta ayuda técnica para formularlos y controlar su ejecución.

8. La gerencia de este tipo de empresas va, sintiendo gradualmente cómo sus decisiones se van vinculando cada vez más a problemas de planeación y control, que a cuestiones de realización inmediata.

Apuntes para una clasificación

Con base en los criterios mencionados, ensayaremos señalar cuáles podrían ser las características de las empresas pequeña, mediana y grande, en cuanto a su personal y complejidad de organización.

En cuanto a personal, creemos que debe señalarse un primer tipo que, a nuestro juicio no merece siquiera el nombre de empresa pequeña, sino más bien el de empresa *artesana o familiar*. Se trata de aquellas en las que el dueño es ayudado por unas cuantas personas, las que directamente controla, sin jefes intermedios, siendo en muchas ocasiones familiares suyos. El número de estas personas, ordinariamente no pasará de 4 a 5. Pero, para adoptar un criterio conexo con nuestra legislación, creemos podría extenderse excepcionalmente hasta menos de 20, ya que éste es el número de personas que permite la formación de un sindicato.

Consideramos que como *pequeña empresa* podría considerarse aquella que de ordinario tiene un número aproximado de 40 a 50 trabajadores, ya que esto implica casi necesariamente establecer por lo menos un nivel de jefes intermedios.

Los límites extremos, tomando en consideración la distinta y variable capacidad de los jefes para conocer y controlar personal o técnicas, su capacidad de trabajo, etc., podrían fijarse en los 20 citados y, como máximo, en 80

Empresa grande, en México, sería a nuestro juicio, aquella que pueda tener un número aproximado de 1,000 trabajadores, ya que en ella se dan, casi seguramente los criterios que hemos señalado. Como mínimo, podría pensarse que, todavía en algunos casos, por su escasa complejidad pueda estimarse como empresa mediana la que tenga hasta más de 500 trabajadores; un límite máximo es de suyo imposible de fijar en cuanto al puro número de personal, pero debemos reconocer que existen en otros países los que se pueden considerar como los gigantes industriales, con varios cientos de miles de trabajadores, tales como la General Motors, la Ford y la U.S. Steel en los Estados Unidos, o la Volkswagen, la Siemens en Europa. En nuestro país, quizá no pueda hablarse, proporcionalmente de empresas de esta magnitud, más que en el caso de dos organismos descentralizados, como son Petróleos Mexicanos, con un número aproximado de 50,000 trabajadores y los Ferrocarriles Nacionales de México aproximadamente con 90,000 trabajadores.

La empresa mediana quedaría, por consiguiente, entre los márgenes de 80 a 500 trabajadores. Como hemos visto, una de las características de esta empresa es quizá, el que combina los problemas de los dos extremos de magnitud con mucha frecuencia, sin poder aprovechar en cambio, sus ventajas.

III. *Criterios fundamentales en materia de complejidad de la organización*

Sin pretender, en forma alguna abordar en su integridad este dificilísimo problema, en el que se refleja, por supuesto, todo lo anteriormente dicho sobre la cantidad de personal, es evidente que, administrativamente, la empresa deberá ser considerada como mediana, pequeña o grande, según la complejidad que reviste su organización.

Esta complejidad depende, básicamente, del número y diversidad de las funciones, y del de niveles jerárquicos.

Hemos dicho que aquella empresa en la que el mismo dueño controla directamente, y sin jefes intermedios, un grupo muy reducido de personas, debe ser considerada más bien como empresa familiar o artesana.

Cuando las funciones se especializan, en forma tal que existan por lo menos tres grupos fundamentales: los destinados a la producción dē bienes y servicios, los encargados de la distribución, colocación o venta de esos bienes y servicios ante el público, y otras personas ocupadas en las funciones, directa o indirectamente relacionadas con las finanzas y su control; y cuando a la vez, existen uno o dos niveles intermedios de jefes, de tal manera que las órdenes deban normalmente pasar a través de estos niveles, creemos que puede hablarse, administrativamente hablando, de pequeña empresa.

Cuando, por el contrario, el número de funciones que realizan grupos de personas especializadas sea muy diverso, de tal manera que pueda considerarse que en la empresa existen muy numerosas funciones —v.gr.: veinte o más— en las que no puede intercambiarse el personal, porque estaría incapacitado para realizar las labores de los otros; y cuando existen seis o más niveles jerárquicos en la línea de organización más larga —v.gr.: gerencia general, subgerencia de operación, gerencia de planta, gerencia de departamento, jefe de sección, jefe de grupo o unidad—, consideramos que tiene que reconocerse que se trata de una empresa grande, porque surgirán todos los problemas típicos en la organización y administración que antes hemos señalado para la gran empresa.

Cuando, por último, se encuentre la empresa en una situación intermedia, —esto es seis, ocho o diez funciones claramente distintas, y de suyo no intercambiables; y una cantidad de tres, cuatro o hasta cinco niveles jerárquicos—, pensamos que puede hablarse, administrativamente hablando, de mediana empresa.

Indiscutiblemente, se trata de un criterio *que pueda ayudar*, a nuestro juicio, para la determinación del tipo de empresa: no es una solución matemática, la que, en nuestra opinión, ni se ha dado jamás, ni siquiera podría darse, porque depende además de los factores señalados, de otros, tales como capacidad de los altos ejecutivos, capacitación de los trabajadores, eficiencia de los sistemas administrativos, comparación con otras empresas de la localidad, costumbres del lugar, etc.

Por otra parte, debe enfatizarse que, como en todos los problemas, las situaciones de frontera o paso de un tipo o categoría a otro, podrán en muchos casos discutirse, y aun dudarse de si se trata de una pequeña o una mediana empresa, o bien de una mediana o una grande.

Como ya lo habíamos señalado en un principio, estimamos que, más importante que dar una fórmula que indique infaliblemente el tipo de empresa con el que estamos actuando, es tratar de identificar sus problemas característicos y peculiares; más que medir o clasificar empresas, lo que nos interesa es conocer sus problemas administrativos, para tratar de resolverlos.

CUESTIONARIO

1. ¿Por qué considera Ud. de importancia el concepto de empresa?
2. ¿Cree Ud. que la administración, referida a las empresas, tomará características especiales? ¿Cuáles serían éstas a su juicio?
3. ¿Señale los elementos materiales, inmateriales y humanos, que formen una empresa concreta que Ud. conozca?
4. Formule una definición de empresa desde los cuatro puntos de vista señalados.

5. Mencione qué características de la función empresarial se dan:

   a) En los accionistas mayoritarios.
   b) En los minoritarios.
   c) En los miembros del consejo directivo.
   d) En el más alto ejecutivo, llámese director, gerente, etc.
   e) En los gerentes o jefes divisionales o departamentales.
   f) En los técnicos.

6. ¿Cómo clasificaría los siguientes fines que suelen atribuirse a la empresa?

   a) Hacer dinero.
   b) Obtener utilidades.
   c) Lograr beneficios.
   d) Prestar un servicio social.
   e) Abrir fuentes de trabajo.
   f) Lograr el progreso económico de un país, etc.

   Mencione Ud. otras funciones que puedan asignarse a la empresa o al empresario, y haga igualmente su clasificación.

7. ¿Cuál considera Ud. que sea la función social del empresario? ¿Cómo justificaría Ud. las utilidades que obtiene?
8. ¿Qué finalidad práctica puede tener la clasificación de empresas pequeñas, medianas o grandes?
9. ¿Considera Ud. que es necesario adoptar criterios distintos según el tipo promedio de empresas existentes en un país o localidad?
10. ¿Cuál de los criterios seguidos le parece más importante para definir la magnitud de una empresa: el mercado que abastece, los niveles de producción que realiza, el capital que invierte, el personal que ocupa, o su complejidad administrativa?
11. ¿Mencione los problemas básicos de la pequeña empresa en cuanto a personal, cantidad de funciones y de niveles jerárquicos? Haga lo mismo respecto de la gran empresa.
12. ¿Le parece correcto identificar los problemas de la mediana empresa, fundamentalmente con los de la empresa en crecimiento? Dé la razón de su criterio a este respecto.

Lecturas que se recomiendan:

1. Azpiazu J. *Sociología Económico-Cristiana.* Págs. 223 a 249. Edit. Cía. Bibliográfica Española, S. A. Madrid, 1949.
2. Bigó P. *Le Doctrine Sociale de l'Eglise.* Págs. 389 a 416. Editorial Presses Universitaires de France. París, 1965.
3. Broom H. N. y Longenecker J. G. *Dirección y Administración de Negocios.* Págs. 3 a 36. Editorial Herrero Hnos. Sucs. S. A. México, 1965.
4. Calvez J. Y. y Perrín J. *Eglise et Société Economique.* Págs. 352 a 380. Editorial Montaigne. París, 1959.

5. Campillo Saenz J. *Responsabilidad Social del Empresario*. Conferencia en la XXVI Convención Ordinaria de Centros Patronales de la República Mexicana. Edición mimeográfica de la Confederación Patronal de la República Mexicana. México, 1960.
6. Drucker P. F. *La Gerencia de Empresas*. Págs. 300 a 333. Editorial Sudaméricana. Buenos Aires, 1957.
7. Newman W. H. y Logan J. P. *Management of Expanding Enterprises*. Editorial Columbia University Press. New York, 1955.
8. Ortueta Ramón de L. *Organización Científica de las Empresas*. Págs. 81 a 98. Editorial Accasar 2da. edición. Madrid.

CAPITULO V

La previsión

PRINCIPIOS GENERALES DE LA PREVISION

El concepto de la previsión

La palabra previsión (de pre-ver: ver anticipadamente), implica la idea de cierta anticipación de acontecimientos y situaciones futuras, que la mente humana es capaz de realizar y sin la cual sería imposible hacer planes. Por ello la previsión es base necesaria para la planeación.

Para hacer previsiones es indispensable:

a) Fijar los objetivos o fines que se persiguen.

b) Investigar los factores, positivos y negativos, que nos ayudan u obstaculizan de alguna manera en la búsqueda de esos objetivos.

c) Coordinar los distintos medios en diversos cursos alternativos de acción, que nos permitan escoger alguno de ellos como base de nuestros planes.

Por eso dijimos que la previsión responde a la pregunta: ¿qué puede hacerse? Señalamos que arrancar directamente de la planeación encierra el peligro de escoger el curso de acción que a priori consideramos el más adecuado, o sea lo que Drucker llama "la falacia del único camino".

Podemos pues definir la previsión como *el elemento de la administración en el que, con base en las condiciones futuras en que una empresa habrá de encontrarse, reveladas por una investigación técnica, se determinan los principales cursos de acción que nos permitirán realizar los objetivos de esa misma empresa.*

Aplicación de nuestro método

Al entrar al análisis del primero de los seis elementos de la administración, aplicando el método adoptado seguiremos los siguientes pasos:

a) Investigaremos cuáles son los principios científicos en que descansa la previsión;

b) Daremos las reglas que han de servirnos para realizar el proceso correspondiente;

c) Mencionaremos, y en algunos casos desarrollaremos, aquellas técnicas que habrán de servirnos como instrumentos objetivos para que ese proceso administrativo se desarrolle mejor. En otros casos, las técnicas respectivas se estudiaran específicamente por separado, v.gr.: en estadística, contabilidad, etc.

Cabe hacer notar que, dado el desarrollo incipiente de nuestra materia (surgió propiamente en la primera mitad de este siglo) en algunas ocasiones la sóla aplicación de las reglas es lo que puede darse, ya que no existen técnicas concretas que aplicar, además de dichas reglas.

El principio de la previsibilidad

El primer problema que se presenta respecto de la previsión administrativa es el siguiente: ¿es posible hacer previsiones válidas en un aspecto donde entran en juego tan numerosos y complejos factores, cada uno de los cuales puede darse en grados y modalidades infinitas, pero sobre todo, en donde interviene la decisión humana y libre de inversionistas, administradores, obreros, sindicatos, etc.?

Jamás se presentará el problema de si es o no posible hacer planes, organizar, integrar, dirigir, etc.: estas posibilidades son obvias. Pero, tratándose del conocimiento de situaciones futuras, necesitamos fijar un principio previo que nos oriente sobre la validez de nuestras previsiones, ya que, sin ésta, sería inútil hacerlas; y sobre todo, que nos ayude a realizarlas con la mayor confiabilidad posible.

Este principio puede formularse como sigue:

"Las previsiones administrativas deben realizarse tomando en cuenta que nunca alcanzarán certeza completa ya que, por

*el número de factores y la intervención de decisiones humanas,
siempre existirá en la empresa un RIESGO; pero tampoco es
válido decir que una empresa constituye una aventura totalmente incierta.*

*La previsión administrativa descansa en una certeza moral
o probabilidad seria, la que será tanto mayor, cuanto más
pueda apoyarse en experiencias pasadas, propias o ajenas, y
cuanto más puedan aplicarse a dichas experiencias, métodos
estadísticos o de cálculo de probabilidad."*

Aplicación del principio

Recordando los distintos estados en que puede encontrarse
nuestra mente frente a la verdad, sobre todo para la previsión
del futuro, encontramos tres situaciones básicas:

a) *Certeza:* excluye el temor de equivocarse. Si se funda
   en la esencia misma de las cosas, se da la certeza metafísica, absolutamente infrustable: v.gr.: que un círculo
   llegue a ser cuadrado. Existe certeza física, naturalmente infrustable para las fuerzas humanas, cuando
   descansa en la constancia de las leyes de la naturaleza
   v.gr.: el que ocurra en determinada fecha y forma un
   eclipse. Se da *certeza moral,* cuando por ciertas circunstancias, tenemos *una seguridad muy difícil de ser frus-
   trada* v.gr.: el cumplimiento de las leyes de oferta y
   demanda, sobre todo, para grupos sociales muy grandes
   y en situaciones extremas.

   Como se ve, la certeza moral para cada caso individual, constituye en el fondo una mera probabilidad,
   la que aumenta según crezca el número de casos en
   que habrá de cumplirse.

b) *Incertidumbre:* para el efecto de la previsión de lo
   que habrá de ocurrir, implica carecer absolutamente
   de elementos para poder predecir cómo se presentarán
   los acontecimientos de lo futuro, o qué acaecerá en
   ese mismo futuro, ya sea porque no tenemos bases
   para deducir un extremo o el otro, si los hechos se
   darán o no se darán; o también porque estas bases son
   de idéntico valor en los diversos sentidos en que pueden
   presentarse.

Debemos hacer notar que la circunstancia de que determinadas premisas nos llevan a concluir, v.gr.: que un nuevo producto *no tendrá éxito*, que una empresa nueva fracasará, etc., no es incertidumbre, sino certeza. Esto significa que la certeza puede ser favorable o desfavorable: la incertidumbre sólo se da cuando no somos capaces de llegar a conclusión alguna sobre lo que podrá ocurrir en un determinado caso o aspecto.

c) Probabilidad: la constituye aquel estado en el que, sin estar seguros sobre el sentido en que ocurrirá un hecho, o una serie de ellos, tenemos motivos serios y fundados para concluir que hay mayores posibilidades de que ocurra en un sentido que en otro.

La probabilidad puede ser mayor o menor, al grado de que, de suyo, puede ir desde una casi total incertidumbre, hasta una enorme certeza moral. Así, v.gr.: si en una baraja española sacamos al azar una carta, la probabilidad de que salga un rey de copas, será de 1/40; la de que salga uno de los cuatro reyes será de 4/40; la de que salga una figura (cuatro sotas, cuatro caballos y cuatro reyes) será de 12/40; la de que salga una carta *que no sea figura* (sota, caballo o rey) será de 28/40; la de que *no* salga un rey de copas será de 39/40.

Si observamos la relación de estos valores nos encontramos con que:

$$\frac{1}{40} < \frac{4}{40} < \frac{12}{40} < \frac{28}{40} < \frac{39}{40}$$

Como se ve, la primera probabilidad es casi nula, y no apostaríamos por ella nada; sería una aventura totalmente incierta y alocada; en cambio en los últimos supuestos (39/40 y aun 28/40), no sería absurdo aventurar alguna cantidad, porque habría esperanzas muy fundadas de obtener un resultado positivo; con todo, el elemento riesgo no desaparecería, porque no habríamos llegado a la certeza física. Esta sólo existiría cuando el quebrado alcanzara el valor de la unidad, lo cual nunca ocurriría a menos de que supiéramos que, en una baraja formada por 40 reyes de copas, estudiábamos la posibilidad de que saliera un rey de copas.

PREVISION

PRINCIPALES INSTRUMENTOS

(círculo exterior)

PRINCIPIOS

(círculo central)

REGLAS

(círculo intermedio)

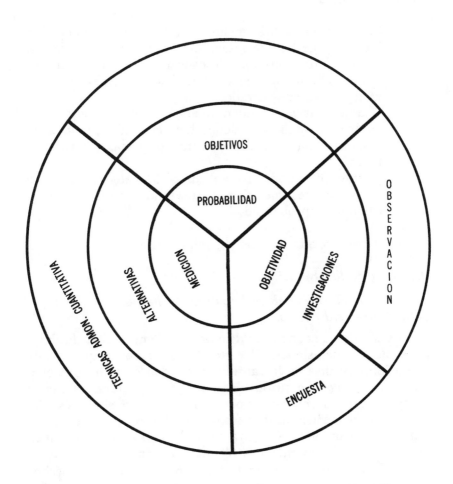

Una seguridad de esta naturaleza jamás existe en una empresa. Ya Fayol hacía notar que la previsión jamás será una profecía, sino una reducción del riesgo debido a factores no previstos.

Para hacer nuestras previsiones, nos fundamos tanto en la ley de la causalidad, como en la ley de la finalidad; la primera, físicamente infrustrable y la segunda, no infalible, pero sí válida con certeza moral.

De lo anterior deducimos que nuestras previsiones serán tanto más válidas y confiables:

1. Cuanto más analíticamente estudiemos cada uno de los factores que han de intervenir en la realización de los hechos futuros en que descansará el éxito de nuestra empresa, y no sólo el conjunto de ellos, global y empíricamente considerado.
2. Cuanto más nos fundemos en *hechos* objetivos, y no en meras opiniones; de preferencia los ocurridos en nuestra empresa y aun en otras empresas y otros sectores.
3. Cuanto más podamos aplicar a la determinación de estos factores medidas, sobre todo estadísticas y de cálculo de probabilidades.

Esto hace surgir los dos siguientes principios:

Principio de la objetividad

"Las previsiones deben descansar en hechos más bien que en opiniones subjetivas."

Es sabido que el hombre de empresa siempre pide "hechos" para sacar conclusiones. El éxito de una empresa y de cada operación descansa en la cantidad y calidad de la información de que disponga. La razón obvia es que la naturaleza tiende a repetirse si las circunstancias son iguales o similares: inclusive en ese principio descansa todo el proceso lógico de la inducción incompleta, de cuya fecundidad ha surgido principalmente toda la maravillosa técnica moderna.

Pero a menudo, en materia administrativa, los hechos quedan confundidos o envueltos en opiniones o criterios: Así, v.gr.: si hacemos una encuesta entre el personal sobre las posibilidades de un nuevo sistema, puede ocurrir que nos digan que no hay posibilidades serias de éxito y nuestra conclusión sea en el mismo sentido, no obstante que no hemos partido de un hecho, sino de una opinión que pudo haber sido formada por presiones sindicales, por rutina, etc.

Hechos y opiniones son interesantes: estas últimas, sobre todo para apreciar y relacionar los hechos; pero es obvia la necesidad de separarlos y distinguirlos.

Como un ejemplo de aplicación de este principio, podemos mencionar la creciente utilización del presupuesto como base para las previsiones de ventas, gastos, costos, etc.: fundándonos en los "hechos" de años anteriores, podemos predecir con bastante exactitud cuáles serán nuestras ventas, costos, gastos, etc., para el siguiente período. Cuanto mayor sea nuestro análisis, combinación, afinamiento, etc., de los resultados pasados y la corrección de nuestras previsiones sobre lo que realmente vaya ocurriendo, estos presupuestos irán teniendo mayor validez. Algunas empresas que comenzaron según su propia expresión "jugando al presupuesto", actualmente trabajan rigurosamente a base de presupuestos.

Esto es lo que dice el autor Hubbard: "Vaya Ud. tan lejos como puede alcanzar a ver, que desde ahí podrá Ud. ver más lejos aún."

Principio de la medición

Las previsiones serán tanto más seguras cuanto más podamos apreciarlas, no sólo cualitativamente, sino en forma cuantitativa o susceptible de medirse.

Aunque incurren en un error aquellos que consideran que la diferencia entre lo científico y lo no científico radica en que lo primero puede determinarse, no sólo cualitativamente, sino aun cuantitativamente, sí es indiscutible que, tratándose de las cosas de tipo técnico, la cuantificación añade seguridad y precisión.

Hasta hace poco se consideraba que en los problemas conectados o dependientes de la vida social y la libertad humana, la mayor parte de las previsiones sólo podían hacerse en forma cualitativa. Es indiscutible que actualmente es posible determinar muchos de esos hechos futuros con base cuantitativa, sobre todo por medio de los estudios estadísticos.

Estos, en efecto, permiten determinar las tendencias que se dan entre un agrupamiento de hechos, determinar la correlación entre esos mismos hechos y sus causas, permiten medir o determinar el coeficiente de error estándard, etc. Puede decirse que la aplicación de la estadística y otras ramas de las matemáticas han hecho técnica, o aun científica, la previsión de muchos acontecimientos.

En aquellas circunstancias en que la medición directa es imposible, suele acudirse al procedimiento de fijar estándares por medio de la definición óptima.

Así, v.gr.: para medir la conducta humana en aspectos subjetivos tales como: don de mando, realización ejecutiva, lealtad, etc., se define qué es lo que se considera como lo óptimo o deseable en el desarrollo de dicha cualidad y, ayudándose de la fijación de grados inferiores, que van desde la carencia completa de la misma, es posible comparar la conducta real con el estándard teórico fijado, obteniendo así una medición, aunque sea arbitraria y ficticia de la misma y, consiguientemente, de las tendencias que por esas cualidades puedan esperarse.

REGLAS PARA LA FIJACION DEL OBJETIVO

Concepto del objetivo

La palabra objetivo (de ob-jactum), implica la idea de algo hacia lo cual se lanzan o dirigen nuestras acciones. Suele también conocerse con el nombre de meta.

Un objetivo, dice Terry, "representa lo que se espera alcanzar en el futuro como resultado del proceso administrativo". En el fondo es la materialización de la unidad de fin, esencial en todo grupo social, ya que es aquello a lo que las acciones de todos se dirigen. Nosotros hemos precisado que en realidad se trata de los fines perseguidos.

La importancia de la fijación de objetivos es clara y definitiva: ellos dan su razón de ser a la empresa. En nuestra definición están señalados al decir "lograr resultados de máxima eficiencia". Para conseguir ese logro, existe y vive la empresa.

Sin embargo, como dice Urwick, aunque parezca increíble, con gran frecuencia se incurre en el error de creer que los objetivos de una organización se hallan precisados y jerarquizados, siendo que, por la rutina en su enunciación, por cambios imperceptibles en las circunstancias, porque los detalles de la operación inmediata nos absorben, de tal manera que a veces se pierden de vista los objetivos generales, etc., se están persiguiendo en realidad cosas muy distintas de lo que se cree y se debe perseguir, con lo cual toda la previsión queda sin base.

Clasificación de los objetivos

Una de las mayores fuentes de confusión respecto de los objetivos, deriva del hecho de que no se les clasifica y jerarquiza adecuadamente. Por ello ensayaremos una clasificación.

a) Objetivos individuales y colectivos

Debe ante todo distinguirse el objetivo que persigue una persona física concreta, de los objetivos de un grupo humano. Cuantos entran a formar parte de ese grupo, lo hacen con la mira de obtener un bien común, o una utilidad común; pero, obviamente, los objetivos del grupo pueden ser opuestos, total o parcialmente, a los objetivos perseguidos por algunas de las personas que lo forman.

Un ejemplo de lo anterior se da en el caso de los objetivos de la empresa que, con mucha frecuencia, se confunden con los del empresario o dueño. Este puede tener, por ejemplo, el objetivo personal de lograr grandes y rápidas utilidades, aunque esto vaya en detrimento de la conservación, subsistencia y progreso de la unidad empresa. Un trabajador puede tener objetivos que sean parcialmente distintos y opuestos a los de su sindicato, etc.

b) Objetivos generales y particulares.

Se entiende que un objetivo es general, cuando es más amplio en relación con otros que están subordinados a él, esto es: que son sólo medios para conseguir ese objetivo más elevado y amplio. Así, v.gr.: los objetivos de la división de producción, de la de ventas, finanzas, etc., son particulares respecto a los objetivos de la empresa, que se consideran generales.

Debe notarse que esta clasificación es eminentemente relativa o de mera comparación de los objetivos: así, acabamos de considerar los objetivos de la división de producción como particulares, comparados con los de la empresa; pero si los consideramos en relación con los objetivos del departamento de mantenimiento, del de ingeniería de métodos, del de pintura, etc., los objetivos de producción son generales, y estos últimos son particulares.

c) *Objetos básicos, secundarios y colaterales*

Los objetivos secundarios, son meros medios para la consecución de los objetivos básicos o primordiales. Así, v.gr.: un objetivo básico del departamento de ventas será lograr el nivel de ventas más estable y productivo, y, para conseguir este objetivo, se buscará obtener la máxima calidad de un producto, ganar un mercado a la competencia, disminuir los costos de distribución, etc.

Aunque los objetivos particulares son subordinados respecto de los principales, la clasificación anterior mira más bien a la extensión en que se realiza la búsqueda del objetivo; en tanto que ésta, se refiere expresamente a la subordinación de medios a fines.

Objetivos colaterales son aquellos que, sin ser buscados directamente como los principales, se obtienen casi espontáneamente al desarrollar los secundarios; así, v.gr.: la publicidad tiene como objetivo fundamental, lograr mayores ventas; pero, bien enfocada, puede servir para mejorar las relaciones públicas; determinadas empresas, al producir sus artículos básicos, aprovechan ciertos subproductos que resultan dentro del proceso, etc.

d) *Objetivos a corto y a largo plazo*

En razón de la finalidad económica de las empresas, los objetivos deben realizarse en éstas en el plazo más corto posible. Pero existen algunos, que de antemano se prevé que no podrán obtenerse si no es después de un tiempo determinado, la fijación del cual, si está bien precisada, añade mayor eficacia a toda la previsión.

Aunque los objetivos generales y principales suelen ser a largo plazo, no se confunde esta clasificación con las anteriores, ya que pueden darse objetivos principales, susceptibles de obtenerse a corto plazo y viceversa.

e) *Objetivos naturales y subjetivos o arbitrarios*

El objetivo natural es aquel que, por sus propias características, busca determinada función, organización, etc.; objetivo arbitrario es aquel que se propone el empresario o jefe de un grupo, o la persona que dirige o realiza la acción, distinto a la naturaleza propia de esa actividad o función, así, v.gr.: el fin natural de la empresa lucrativa es que ésta produzca beneficios, pero el empresario puede crear y mantener su empresa, sea para lograr un prestigio social, sea para prestar un servicio a la sociedad, etc.

Cuando se analiza el objetivo de una empresa, de un departamento, de una función, de un grupo humano, etc., debe cuidarse siempre de precisar en qué categorías de las anteriores se halla, para no caer en errores y contradicciones como los enunciados anteriormente.

¿Quien debe fijar los objetivos?

Ordinariamente la fijación de objetivos, sobre todo los generales y supremos, es función de los dueños o empresarios. En el capítulo de Dirección, veremos que la esencia de la función del elemento directivo del mando, es señalar "lo que debe hacerse"; al administrador corresponde más bien establecer "cómo debe hacerse, y ver que se haga".

Sin embargo, el administrador con mucha frecuencia debe sugerir a su Consejo Directivo la modificación, adaptación, reenfoque, ampliación y aun supresión de objetivos generales. Pero, sobre todo, debe fijar muchos de los objetivos particulares y a corto plazo, necesita explicarlos con claridad, realizar la total jerarquización de objetivos en la empresa y lograr la coordinación de los objetivos individuales con los diversos objetivos de grupo y con los objetivos supremos de la negociación.

Dos tipos de reglas

Al presentar reglas para fijar los objetivos, se trata meramente de ciertas *observaciones* que ayudan a la inteligencia del hombre para no confundir los objetivos, para precisarlos, situarlos en relación con los demás, etc.; no existen ni fórmulas matemáticas, ni recetas de cocina para hacer un trabajo que es exclusivo del juicio del hombre.

Suelen mencionarse dos clases de reglas: las de tipo *negativo*, cuyo fin es ayudarnos a no confundir el verdadero objetivo con otros que fácilmente parecen serlo; y las de carácter *positivo*, que nos ayudan a situarlo, definirlo, clasificarlo y explicarlo con claridad a los demás.

Reglas negativas

Las reglas de carácter negativo, como ya lo hemos indicado, tienden a evitar lo que Drucker llama "the rigth answer for the wrong question": la solución correcta, pero para un problema mal visualizado o enfocado, por imprecisión en la fijación del objetivo. Obviamente se comprende que, si realizamos esfuerzos, gastos, consumo de tiempo, etc., dirigiendo todo ello a un objetivo incorrecto, esto será de máximo daño para una empresa.

a) *"No debe tomarse como objetivo lo que pueden ser tan sólo sus síntomas o elementos"*

En realidad se trata de efectos del problema real, los que, por estar más cerca de nosotros y ser más aparentes, se confunden con él y que, aun solucionados, dejarán vivo el problema verdadero.

Puede parecernos, v.gr.: que nos encontramos ante el problema de la inadaptación de determinado trabajador, y ello será cierto; pero se trata sólo de síntomas de un problema más profundo: no tenemos un sistema para adiestrarlo, para adaptarlo, etc.; podemos creer que nuestro problema es el cierre de un mercado, y éste es tan sólo un síntoma de nuestra carencia de un plan para abrir y conservar los mercados convenientes, etc.

b) *"No debemos confundir el objetivo con uno de los medios de alcanzarlo"*

Aquí, a diferencia de lo que ocurre en la regla anterior, se trata de causas del problema real que, por costumbre, por su importancia, etc., de tal manera solemos vincular a ese objetivo *como solución única*, que nos impiden ver otras que son más convenientes.

Cuando caemos en este error, podemos creer, v.gr.: que nuestro objetivo para mejorar la producción descansa en forma esencial o indispensable en cambiar nuestra maquinaria, siendo que existen otras formas de lograrlo, quizá con mejores sistemas aplicados, con mejor adiestramiento del personal, etc.

c) *"No debemos tomar como posibilidades contradictorias, las que quizá sólo son contrarias"*

Siendo tendencia del espíritu humano en muchos casos dejarse llevar por los extremos, podemos fácilmente tomar como dilema indisoluble el "hacer esto, o no hacerlo", siendo que existen otras muchas posibilidades intermedias: hacerlo en parte, hacerlo de otro modo, etc.

Dice Drucker, que nuestro espíritu tiende a pensar en "blanco o negro", siendo que existe toda una gama de grises, y también toda una infinita variedad de colores cromáticos.

d) *"Hay que tratar de encontrar las semejanzas y diferencias de nuestro objetivo con los más parecidos"*

Una de las razones de la confusión en las ideas, consiste en tomar como iguales dos cosas similares o análogas, o como distintas dos cosas esencialmente iguales, por mirarlas desde un diverso ángulo de consideración. Hay muchos objetivos muy semejantes al que nos proponemos, y el buscar qué tienen de común, y en qué difieren, suele ayudar a evitar confusiones, y a ver con mayor claridad y distinción el que nosotros perseguimos.

Reglas positivas

a) *"Debe procurarse contar con opiniones de diversas personas, sobre todo si sus puntos de vista representan ángulos distintos y complementarios"*

Siendo la mente humana forzosamente limitada, el contar con puntos de vista de otras personas, sobre todo si éstas pueden enfocar el problema desde ángulos muy distintos a los nuestros, puede revelarnos datos muy importantes que debemos tomar en cuenta, y que a nosotros solos se nos habrían ocultado. De ahí la importancia de los comités, las juntas, los seminarios, etc.

Algún sociólogo ha dicho que, si bien en la decisión es indispensable la unidad, en la deliberación es deseable la pluralidad.

b) *"El objetivo debe fijarse por escrito, en los casos de mayor importancia."*

El escribir permite analizar más concienzudamente el objetivo que nos proponemos, fijar su alcance verdadero, comparar las etapas sucesivas o graduales por las que pensamos llegar hasta él, etc.

Principalmente debemos esforzarnos al escribir nuestros objetivos, en clasificarlos, jerarquizarlos adecuadamente, establecer los límites dentro de los cuales pensamos alcanzarlos, determinar con precisión todas aquellas áreas a las que correspondan, etc.

c) *"Debemos aplicarle las seis preguntas: Qué, Cómo, Quién, Dónde, Cuándo y Por qué.* (What, Who, How, Where, When, Why.)"

Con el auxilio de estas preguntas, podemos determinar con mayor precisión:

a. *QUE* es lo que realmente pretendemos; cuál es la meta que nos proponemos alcanzar; qué es lo que, por su propia naturaleza, o por fijación de nuestro arbitrio, se busca en determinada organización, función, operación, etc.

b. *COMO* pretendemos lograrlo: ¿En forma integral o parcial? ¿De inmediato o a largo plazo?, etc.
(No nos referimos aquí al *cómo*, en el sentido de los detalles del procedimiento por el que alcanzaremos nuestro objetivo, lo cual pertenece a la planeación principalmente, sino al modo o criterio general bajo el cual enfocamos la búsqueda de nuestro objetivo.)

c. *QUIEN* ¿Se trata de un objetivo personal y subjetivo, o del natural de la función? ¿A qué departamentos, secciones, etc. corresponde lograr el objetivo?

d. *POR QUE* ¿Cuál es la finalidad que nos movió a buscar ese objetivo, de la cual depende en gran parte la forma como habrá de alcanzarse?

e. *CUANDO.* ¿Es una meta urgente, o diferible? ¿En qué tiempo debemos lograr cada una de sus partes?

f. *DONDE* ¿Se trata, por ejemplo, de un mercado local, nacional o internacional?

Aunque todas las preguntas son necesarias, quizá destacan por su importancia el "qué", el "cómo" y el "por qué".

La razón por la que estas preguntas hacen más precisa la fijación del objetivo, es que en ellas están encerradas *de alguna manera* las causas supremas del ser: Qué (causa material), Cómo (aspecto o causa formal), Quién (causa eficiente), Por qué (causa final) y Dónde y Cuándo, elementos circunstanciales de espacio y de tiempo. Evidentemente las dos primeras sólo se enfocan muy imperfectamente; pero las demás sí presentan las respectivas notas.

d) *"El objetivo debe ser perfectamente conocido y eficazmente querido por todos los que han de ayudar a realizarlo"*

Con mucha frecuencia se fijan objetivos, y se pretende que quienes colaborarán en su búsqueda o realización, sólo conozcan los detalles concretos de su operación o función, sin que puedan darse cuenta del objetivo final. Esto resta eficacia a la intensidad con que se trate de lograr, pero sobre todo dificulta la coordinación de quienes habrán de lograrlo.

De igual manera se cree muchas veces que, con señalar el objetivo, se termina todo el proceso por parte del jefe, cuando en realidad, la eficacia de la acción dependerá en gran parte de la motivación que logre de todas las personas que cooperarán para su realización.

e) *"Los objetivos deben ser estables"*

Aunque ningún objetivo es inmutable y todos deben revisarse en forma periódica, el cambio constante de objetivos produce confusión, debilita la cooperación y (por estar los objetivos colocados en el vértice de la administración) obliga a cambiar toda ésta, exigiendo esfuerzos innecesarios y desaprovechando las ventajas de la sistematización, todo ello con grave detrimento de la eficiencia.

Es evidente que en muchas ocasiones, la fijación primera que hagamos de nuestros objetivos, no constituirá en realidad más que una hipótesis que vamos a comprobar por medio de las investigaciones y el establecimiento de cursos alternativos; con base en ellos, muchas veces cambiaremos el objetivo inicialmente pensado, lo reduciremos o ampliaremos, combinaremos varios, etc. Esta es una de las grandes ventajas metodológicas de separar la Previsión de la Planeación, ya que, comenzar por esta última, favorece el pensar que nuestros objetivos deben seguirse tal y como por primera vez se nos ocurrieron.

¿Hay técnicas para fijar los objetivos?

Respecto de la fijación de los objetivos, fuera de las reglas anteriores, deducidas de la lógica, no existen instrumentos especiales para ayudarnos a fijarlos, ya que nos encontramos en el último reducto de la inteligencia del hombre: ésta es, a un mismo tiempo, quien aplica esas reglas, y quien juzga de la validez de su aplicación.

LA INVESTIGACION Y SUS REGLAS

El papel de la investigación

Con la fijación del objetivo se ha determinado el fin que se persigue, sin perjuicio de que, al hacerse los planes, determinadas circunstancias eminentemente concretas, puedan hacer que ese fin se altere ligeramente, se eleve de categoría, se limite, etc., como ya lo indicamos.

Se requiere ahora determinar todos los factores, tanto positivos como negativos, que habrán de influir en la consecución de ese fin. Esto lo realiza la investigación.

Dicha investigación tiene por lo tanto como fin, determinar los medios más aptos para alcanzar el objetivo fijado. Entre esos medios se encuentra la eliminación de aquellos factores que nos dificultarán la obtención del objetivo, eliminación que es ya por sí misma, un medio (y por cierto de los de mayor interés: piénsese, v.gr.: en la investigación de la fuerza de la competencia).

La investigación, precisamente por ser el centro de la previsión, es la parte más esencialmente vinculada con ella: prevemos, principalmente cuando investigamos. Todos los autores coinciden en considerarla como la base de la previsión y, con ella, de la administración científica.

Reglas de la investigación

Para investigar los factores positivos y negativos que influirán en el logro de nuestros objetivos, nos ayuda a seguir un proceso o tener un sistema, el que fijaremos por medio de algunas reglas.

Regla 1a. "Debe tenerse a la vista el mayor número de factores positivos y negativos que habrán de influir en la obtención del objetivo propuesto, y, para ello, clasificarlos adecuadamente."

Siendo tan grande el número de factores que intervienen en el logro del objetivo de una empresa, uno solo que se nos escape puede ser de influencia decisiva.

La mejor forma para tener a la vista el mayor número de factores consiste en clasificarlos. La razón es que, al hacer una clasificación adecuada, estamos siguiendo las reglas de la lógica sobre división, evitando con ello, en lo posible, que nos falte alguno de los miembros de esa división, que se superpongan total o parcialmente, etc.

Naturalmente, pueden existir muy diversos criterios y sistemas de clasificación esos factores. Mencionaremos solamente, por ser más conocidos, dos de ellos:

El primero lo tomamos del interesante estudio realizado por el departamento de Investigaciones Industriales del Banco de México, S. A., sobre el Análisis Factorial de una Empresa:

FACTORES DE OPERACION	*DEFINICION*
1. Medio ambiente.	Conjunto de influencias externas que actúan sobre la operación de la empresa.
2. Política y dirección (Administración general).	Orientación y manejo de la empresa mediante la dirección y vigilancia de sus actividades.
3. Productos y procesos.	Selección y diseño de los bienes que se han de producir, y de los métodos usados en la fabricación de los mismos.
4. Financiamiento.	Manejo de los aspectos monetarios y crediticios.
5. Medios de producción.	Inmuebles, equipos, maquinaria, herramientas o instalaciones de servicio.
6. Fuerza de trabajo.	Personal ocupado por la empresa.
7. Suministros.	Materias primas, materias auxiliares y servicios.
8. Actividad productora.	Transformación de los materiales en productos que pueden comercializarse.
9. Mercado.	Orientación y manejo de la venta y de la distribución de los productos.
10. Contabilidad y estadística.	Registro o información de las transacciones y operaciones.

El segundo lo formulamos nosotros, siguiendo los lineamientos generales de la magnífica obra de Koontz y O'Donnell "Principles of Management":

A. *Factores externos a los negocios* y, por lo mismo, de carácter general.

Podemos considerarlos también bajo el rubro de:

Situación general de los negocios.

Se descompone en factores:

a) *Políticos*, como — Condiciones políticas y legales.
Intervención y controles estatales.
Política fiscal.

b) *Económicos*, como — Renta nacional, general y por sectores.
Nivel general de precios y salarios.
Capacidad adquisitiva general, y del sector mayoritario en el consumo de que se trate.

c) *Sociales*, como — Crecimiento y distribución demográficos.
Movilidad de la población.
Situación y tendencias del movimiento sindical.
Nivel de capacidad del futuro personal.

d) *Técnicos*, como — Maquinaria y equipo disponibles.
Su posibilidad de adaptación a las necesidades concretas.
Patentes, sistemas de trabajo, etc.

B. *Factores internos a la empresa.*

a) Los mismos objetivos fijados.
b) Capital disponible.
c) Provisiones.
d) Registros contables.
e) Registros estadísticos.
f) Abastecimientos más adecuados, etc.

C. *Mercados.*

En realidad, este factor puede considerarse, ya como externo, ya como interno, pues de hecho participa de la naturaleza de ambos, puesto que, aunque está fuera de la empresa, depende en gran parte de su tipo y características de producción, capacidad productiva, etc. Dentro de este factor pueden mencionarse:

a) Demanda actual de un producto.
b) Fuerza y amplitud de la competencia.
c) Posibilidad de abrir o ampliar mercados.
d) Desarrollo del producto, de acuerdo con los gastos y necesidades del consumidor.
e) Efectividad de la publicidad, etc.

Naturalmente, en cada caso concreto habrá que enumerar dentro de estas dos clasificaciones, o de preferencia usando ambas en forma cruzada, los factores que habrán de influir sobre nuestro objetivo perseguido, cuidando de definirlos de acuerdo con la técnica explicada de "óptima realización", con el fin de valorizar después la importancia del factor, y su influencia positiva, negativa, o neutra, en los fines que perseguimos.

Regla 2a. "Deben distinguirse los factores mensurables de los de mera apreciación."

La razón es obvia: el tratamiento que para aprovecharlos habrá de darse a unos y a otros, será indiscutiblemente diverso, de acuerdo con lo dicho al hablar del principio de la medición: los factores mensurables, al permitir la fijación de unidades y, mediante ello, la cuantificación; constituyen una base más objetiva y confiable.

Regla 3a. "Deben distinguirse los factores disponibles de los que no se hallan a nuestro alcance, tratando de determinar dónde y cómo encontrar aquellos que podemos allegarnos, sus fuentes, su costo de adquisición, etc."

Como es obvio, por importante que sea un factor, si resulta imposible obtenerlo, sea por imposibilidad física, o por su costo, habrá que prescindir de tomarlo en cuenta.

Por otra parte, ocurre muchas veces que determinados factores que se consideraban imposibles de investigar, con sólo analizar los lugares o personas que podrán proporcionarlos, resultan capaces de ser utilizados. Así, v.gr.: sucede con determinadas estadísticas, que se ignora que existen, porque se piensa solamente en las fuentes normales de datos que éstas nos proporcionan.

Regla 4a. "Deben seleccionarse los factores estratégicos."

Como se comprende, es imposible investigar todos los factores. Por otra parte, es innecesario, ya que dos o tres de ellos influyen sobre los demás en forma decisiva: de ahí su nombre de "estratégicos".

Como se sabe, la estrategia es la planeación militar por virtud de la cual se determinan los puntos débiles del enemigo, conquistados los cuales, se derrumbará toda su fuerza; de igual manera tratamos de establecer, entre todos los factores, cuáles son los que, adecuadamente modificados, influirán sobre todos los demás para ayudarnos a lograr nuestro objetivo previamente considerado.

Dice Drucker que más que definir los factores estratégicos, lo importante es poderlos conocer y localizar; para ello vamos a dar algunas reglas específicas, cuya validez es mayor cuando se satisfacen conjuntamente.

Son factores estratégicos:

a) Ante todo los factores variables o modificables. Si algún factor no puede cambiarse, habrá que tomarlo en cuenta, pero indiscutiblemente, para el efecto de nuestros planes, está fuera de nuestra posibilidad el actuar sobre él.

b) Los que influyen más sobre otros factores en amplitud y en intensidad. Así, v.gr.: el factor "capital disponible" que nos permite obtener mejor maquinaria, dar mejor preparación al personal, hacer mayor publicidad, etc. suele ser con mucha frecuencia un factor estratégico.

c) Son estratégicos, por lo anterior, todos aquellos factores sin los cuales no puede cambiarse ninguno o muy pocos de los demás.

d) Es estratégico, entre dos factores de igual o parecida importancia, el menos costoso y más rápido para obtener.

e) Son estratégicos, sobre todo, los factores limitantes. Se llama factor crítico o limitante, aquel que resulta el más débil en una empresa determinada, el que nos causa mayores problemas. Así, v.gr.: en una empresa con malas relaciones sindicales, el factor humano será estratégico. (Ver Koontz, *ob. cit.*)

f) Ayudan para determinar un factor estratégico dos enfoques subsidiarios que Drucker menciona como aplicación del principio físico del "movimiento virtual": el primero supone que nada se cambiará ni moverá: ¿qué ocurriría con el tiempo? El segundo se proyecta hacia atrás, preguntando ¿qué cosa podría haberse hecho o dejado de hacer cuando el problema apareció por primera vez? ¿Cómo habría afectado la situación actual?

La aplicación conjunta de todas estas reglas permite localizar los factores estratégicos. Estos, obviamente deben ser muy pocos: dos o tres a lo más. Estos serán los que investigaremos con mayor detalle y cuidado, porque su aprovechamiento, si son positivos, o su supresión o modificación, si son negativos, nos permitirá alcanzar nuestro objetivo. Sobre ellos mantendremos una vigilancia estrecha o intensa.

Señala Koontz el hecho importantísimo de que cuando un factor estratégico ha sido atacado, y resuelto el problema que supone, automáticamente deja de ser estratégico, surgiendo otro en su lugar. Esto no es más que el resultado de la constante perfectibilidad de las empresas.

Regla 5a. "Deben tratar de fijarse los elementos totalmente imprevisibles, con el fin de buscar el modo de prever y evitar los efectos dañosos que puedan producir."

Así, v.gr.: es frecuente que se fijen planes de substitución o de emergencia, como explicaremos al hablar de "cursos alternativos". Suele también hacerse uso de seguros en la mayor extensión posible, contra esos elementos que causan perjuicios imprevisibles.

TECNICAS DE LA INVESTIGACION

Los medios de que se vale el administrador para investigar son dos fundamentalmente:

A. La observación.
B. La encuesta.

En efecto, todo lo que queremos conocer, cualesquiera que sean los instrumentos de que podamos auxiliarnos, o lo conocemos por nosotros mismos, o lo preguntamos a otros que lo conocen.

A. *La observación.*

Aunque la observación es un hecho ordinario y empírico de nuestra vida diaria, es esencial en toda investigación científica. Por ello, toda técnica comienza con la observación, y termina con ella, al investigar la validez definitiva de dicha técnica. Aun cuando las ciencias hayan alcanzado considerable desarrollo, la simple forma de ver y oír, dice un conocido autor, no ha podido ser reemplazada, sino sólo complementada y ayudada.

La observación podemos hacerla en:

1. Hechos.
2. Experimentos.
3. Registros.

1. *La simple observación de hechos actuales*

Distinguen los técnicos Goode y Hatt. dos formas principales de observación:

a) *De participantes* y b) *De no participantes*. La diferencia de ambas depende de si, quienes la realizan, forman o no, parte del medio social observado.

La observación de participantes tiene la ventaja de que los datos obtenidos corresponden mejor a una actuación espontánea del grupo observado, que no cambia su conducta, ni en un sentido ni en otro; además, los datos obtenidos pueden ser mucho mejor interpretados y buscados, por el mayor conocimiento que se tiene del medio. Tiene, en cambio, la desventaja de que pueden escaparse al observador muchos datos, porque se ha connaturalizado con muchos defectos y condiciones que, por lo mismo, le pasan ya inadvertidos.

Se han propuesto varias maneras para combinar estas dos formas de observación, tratando de aprovechar las ventajas que cada una tiene:

a) La llamada observación de "semi-participantes", que consiste en que los observadores, antes de iniciar la observación propiamente dicha, traten de connaturalizarse con el medio observado por algún tiempo, y que el medio se connaturalice con ellos;

b) Realizar ambos tipos de observación, y tratar de combinar sus resultados.

Las reglas principales para auxiliar y mejorar la simple observación, y lograr que ésta tenga un fin definido y emplee técnicas específicas y adecuadas, son las siguientes:

a) La determinación precisa, hecha previamente, de los aspectos que nos interesa observar. Este solo medio nos permite recoger datos mucho más numerosos y ricos en contenido.

b) El hecho de tomar notas, aunque sean muy breves. Alguien ha afirmado que, datos muy importantes, pueden olvidarse aun a memorias privilegiadas. El saber tomar notas, rápida y precisamente, es un verdadero arte, que se aprende y desarrolla con la práctica.

c) El pasar en limpio las notas lo más pronto posible: éstas podrán ser muchas veces frases incompletas, meros recordatorios que, en una revisión inmediata, nos darán la pintura total y compleja de detalles de lo observado. Conforme el tiempo pasa, se van perdiendo esos detalles, y puede llegar a perderse totalmente el fruto de nuestra observación.

d) Distinguir cuidadosamente los hechos observados, de la interpretación o comentario que nos sugieren; aun cuando ambas cosas son útiles, no deben confundirse.

2. *Observación experimental*

Es conocida la discusión de si en lo social es posible la experimentación, o sólo la observación. La primera se distingue de la segunda, en que requiere tener control sobre los elementos del problema, en forma de poder variarlos a voluntad, para recoger sistemáticamente las observaciones correspondientes.

Los problemas del costo de una experimentación de esta naturaleza, las dificultades para variar todos los factores del problema, y sobre todo, las dificultades que puede presentar un grupo humano para prestarse a los cambios requeridos, son argumentos que se oponen, por lo menos para la facilidad de esta observación.

Podemos decir que, al menos, el establecimiento temporal de un nuevo sistema "ad experimentum", puede considerarse como una muy valiosa fuente de datos dentro de la observación. Tiene, además, la ventaja de que se pueden vencer resistencias v.gr.: de los sindicatos, para la implantación de un nuevo método, ya que no se impone éste definitivamente, sino se deja la posibilidad de corregirlo y aun de suprimirlo. Por otra parte, pueden aparecer datos insospechados muchas veces, se puede corregir lo no previsto, etc.

3. *Observación a través de registros*

Todo registro, sistemáticamente llevado, sea contable, estadístico o de otra naturaleza, es un medio de control. Pero ya hemos hecho notar cómo el control sirve a su vez para nuevas previsiones. Por lo mismo, este tipo de observaciones se clasifica según que se trate de:

   a) Registros contables.

   b) Registros estadísticos.

   c) Registros administrativos.

La observación que se realiza a través de sistemas de esta naturaleza, es una de las más valiosas, siempre que se tenga el cuidado de distinguir la mera operación del sistema respectivo, de la función de previsión. Esto significa que los técnicos en contabilidad, estadística, etc., en cuanto tales, no son los indicados para interpretar los resultados: el valorar esos datos y utilizarlos como medios de previsión, **corresponde al administrador.**

B. La encuesta

Si la observación consiste en obtener datos por la directa e inmediata aplicación de nuestros sentidos a los fenómenos que influirán en la administración, por la encuesta obtenemos dichos datos de lo que afirman otras personas.

Nos referiremos aquí tan solo, a dos instrumentos de los más usados para preguntar a los demás los datos que nos interesan en la función administrativa: el cuestionario y la entrevista.

1. *La encuesta por cuestionario.* Suele comprender estos pasos:

a) Determinación de su universo o ámbito.
b) Muestreo.
c) Formulación del cuestionario.
d) Recolección de datos.
e) Tabulación de los mismos.
f) Interpretación de los resultados.

a) *Determinación del universo.* Consiste este paso en determinar exactamente qué es lo que vamos a investigar. A primera vista está precisado, desde el momento en que organizamos la encuesta. Pero puede ocurrir, v.gr.: que fijado como objetivo "investigar los aumentos de salario real en un lapso dentro de una empresa", pudieran surgir preguntas de este género ¿vamos sólo a estudiar a los que hayan permanecido en la empresa en ese lapso? ¿Debemos investigar a los que entraron posteriormente? ¿Desde qué fecha? ¿Tomamos en cuenta a quienes hayan salido de la empresa, para saber comparativamente sus aumentos? etc.

b) *Muestreo.* La encuesta moderna se funda ordinariamente en la base de que, si se escoge una muestra representativa del todo, en una proporción adecuada, tendrá las características de ese todo, y el resultado será del mismo valor que si se hubiera hecho una investigación total del universo. A esto se le llama muestreo.

Existen varios procedimientos para escoger la muestra:

1. *Al azar:* en este supuesto, además de establecer estadísticamente el tamaño que debe representar la muestra, en rela-

ción con el universo que investigaremos, se escogen por suerte las personas, empresas, etc., que habrán de ser objeto de la encuesta, en la seguridad de que, si el número de ellas es grande, habrán de quedar bien representadas las diversas opiniones, capitales, edades, lugares, etc.

2. *Intencionada:* en el muestreo intencionado o dirigido, se adopta un criterio, que puede ir, desde el plenamente selectivo, que escoge, v.gr.: varias empresas pequeñas, varias medianas y otras grandes; o bien personas de dos tendencias opuestas y otras de opiniones intermedias, etc.; hasta el muestreo estratificado vertical, v.gr.: por ramas industriales, o por departamentos de una empresa; o el horizontal, como tomar opiniones de cada nivel jerárquico, o de cada año de una carrera, etc.; o bien la combinación de todos estos criterios, v.gr.: muestreo vertical y horizontal.

Dejando para la estadística el modo de realizar este muestreo y su valorización estadística, haremos notar solamente que la validez de la encuesta dependerá en gran parte de este paso, y de su valorización adecuada.

c) Formulación del cuestionario. Un cuestionario podría definirse como un mecanismo para obtener respuesta a ciertas preguntas, por medio del uso de una forma escrita que el interrogado llena o redacta por sí mismo.

Muy semejante a él son la cédula para pedir respuestas orales y la guía para la conducción de entrevistas.

Como reglas para formular el cuestionario veremos:

a') *Naturaleza de las preguntas.* Estas pueden ser *cerradas o abiertas*, según que permitan una contestación única o categórica, o respuestas variables que incluyan en sí explicaciones y modalidades adicionales. Evidentemente, existe toda una gama, que va desde la simple lista checable, hasta la solicitud general de informes que el interrogado puede contestar libremente. A veces se usa el sistema de listas checables, que se contesta sólo con una marca.

Como se comprende, las preguntas cerradas tienen como ventaja la precisión, facilidad de ser tabuladas, etc., y como inconvenientes, el impedir ampliaciones o explicaciones, que a veces son indispensables por no poderse dar una respuesta categórica. Por ello se recomienda dejar una pregunta abierta, al menos al fin de cada sección del cuestionario.

b') *Unidad.* Debe determinarse previamente si el cuestionario se refiere a *un solo problema* o a *varios.* Si los problemas que abarca son muy diversos, muchas veces convendrá mejor hacer varios cuestionarios, o por lo menos dividirlo muy claramente en secciones diferentes.

c') *Secuencia.* Como resultado de la unidad que hemos analizado y al mismo tiempo, una ayuda para conseguirla, se impone una secuencia adecuada. Las preguntas deben tener un encadenamiento lógico, en forma tal, que cada una lleve naturalmente a la siguiente.

Debe procurarse progresar de lo fácil a lo más difícil. Las primeras preguntas deben, también por esa misma razón, despertar el interés por contestar el cuestionario.

d') *Claridad.* En cuanto al aspecto gráfico, exige que se dejen espacios amplios y fáciles de llenar; que las letras explicativas que sirven como guía para el llenado, sean claras, pero a la vez más pequeñas que el tamaño ordinario de la letra con que se conteste.

En cuanto al aspecto de redacción, que las preguntas sean absolutamente comprensibles para el tipo o nivel de personas a quienes se dirigen: no olvidemos que una cosa puede resultar muy clara para quien hizo el cuestionario, porque al estructurarlo lleva ya preconcebida determinada idea, y confuso para quienes han de responderlo.

Deben evitarse palabras ambiguas como "clase de producción", que para unos puede significar "especie", y para otros "grados de calidad"; o vagas, como "muy difícil", "regular", cuya connotación dependerá del concepto de cada persona.

Deben evitarse también palabras estereotipadas que, por lo mismo, pierden precisión de contenido con el uso, como "democrático", "totalitario", etc.

Deben evitarse las preguntas negativas, ya que, negarlas resultará afirmación, y viceversa.

Deben evitarse también preguntas que encierran varios hechos.

e') *Facilidad.* No deben hacerse preguntas embarazosas, o sea aquellas que colocan en una posición difícil a quien debe contestarlas. Suele mencionarse como ejemplo, la pregunta frecuente en las hojas de solicitud de trabajo sobre el sueldo que desea ganar el candidato: esto puede obtenerse mejor en la entrevista.

No deben hacerse, sea directa o aun indirectamente, preguntas que se refieran a conducta personal, antecedentes, defectos físicos, etc., sin dejar alguna posibilidad de explicar más ampliamente.

No deben preguntarse cosas que pueden deducirse fácilmente, o aun con algún trabajo, de otras ya preguntadas: como regla debe tomarse en general que el trabajo debe reducirse al mínimo a quien contesta, para que lo tome a su cargo quien interpreta o tabula las respuestas.

d) *Recolección de datos.* Para que el cuestionario sea contestado, deben tenerse en cuenta también ciertas reglas:

a') Deben, ante todo, explicarse los objetivos que busca la encuesta, y garantizar, en una u otra forma, la discreción y aun el sigilo prometido, respecto de los datos que en el mismo se nos darán. Esto, puede variar, desde la simple promesa de que los datos se conservarán y usarán sólo para determinados fines, hasta el ofrecimiento de la contestación anónima.

b') Debe ofrecerse algo de interés para quien se va a tomar la molestia de contestar. Lo más efectivo suele ser el anuncio de que los resultados de la encuesta serán comunicados.

c') Debe dirigirse la solicitud de contestación a la persona que tenga autorización suficiente para poder contestar el cuestionario. Suele ser, v.gr.: en una empresa, el gerente de la misma.

d') Debe facilitarse la devolución, remitiendo el sobre ya rotulado, y, de ser posible, timbrado. Puede ofrecerse inclusive pasar a recogerlo, si no se trata de cuestionario contestado en forma anónima.

e') Debe reiterarse la súplica de contestación, personalmente o por teléfono. La experiencia muestra que esta reiteración aumenta notablemente el porcentaje de contestaciones.

e) *Tabulación de datos.* Dejando para la clase de estadística los principales problemas de este paso, haremos notar aquí sólo dos cosas: 1) la necesidad de organizar el medio de tabulación desde el momento en que se formula el cuestionario, pues muchas cosas pueden cambiarse en éste, en razón de su mejor tabulación; 2) la conveniencia de usar números índices, que dan mejor idea de los resultados, y de preferencia usar representaciones gráficas.

f) *Interpretación de los resultados.* Haremos sólo notar aquí la necesidad de tener una gran cautela, pues no hay error más peligroso que el que resulta de una mala interpretación de resultados numéricos, ya que se piensa que éstos son totalmente objetivos. (Conviene pensar cuáles son las verdaderas causas de las contestaciones obtenidas.)

2. *La entrevista. Su importancia y fines.*

La entrevista constituye probablemente uno de los instrumentos más sencillos, pero a la vez más valiosos, usados por el administrador técnico. Su importancia, validez y frutos, dependen de la habilidad de quien la emplea. No obstante, es satisfactorio comprobar cómo es una de las técnicas que, además de su menor costo, es más fácil de usar, y en la que de un modo más amplio y flexible pueden prepararse casi todos, bastando sólo la experiencia y cierto autoanálisis.

La entrevista puede usarse para muy diversos fines:

a) Para admisión de personal.

b) Para examinar las razones que ocasionan la salida del mismo.

c) Para obtener información de los trabajadores sobre determinados problemas.

d) Para tratar de ajustar su conducta, cuando ésta no es tan satisfactoria como se deseara.

e) Para investigar causas generales de descontento.

f) Para obtener informes de personas extrañas a la empresa, sobre muy diversos tópicos.

g) Para conseguir colaboración por parte de los trabajadores, etc.

La entrevista puede llevarse a cabo con prospectos, obreros, empleados, jefes, funcionarios, líderes sindicales, autoridades, clientes, etc.

Siendo una de las finalidades de la entrevista, entre otras muchas, investigar los factores que nos interesan, además de poner aquí sus reglas generales, nos referiremos sólo a éste tipo de entrevistas.

Concepto y elementos

La entrevista es una conversación o comunicación, oral y personal, entre dos personas, con un propósito definido que, en nuestro caso, es el de investigar algún aspecto, y conducida bajo un sistema apropiado.

La entrevista requiere ante todo dos personas en actitud de algún modo distinta: *el entrevistador*, que es la persona que desea obtener los datos, y *el entrevistado*, que es de quien se desean obtener. Cuando se realiza con muchos, no es aplicable en su integridad la técnica de la entrevista.

Es una comunicación oral y personal. Quedan, por lo mismo, excluidas de suyo las entrevistas telefónicas, por carta, etc. Se supone además que se usará de la palabra hablada. En los casos en que carezca de la palabra el entrevistado, apenas si puede pensarse en realizarla.

La entrevista supone un propósito dado: no se hace por el mero gusto de conversar; implica en el entrevistado una actitud de intensa observación, no sólo de las palabras, sino de la actitud, gestos, ademanes, etc., del entrevistado, para obtener el mayor número posible de elementos, aunque éstos deban ser más tarde investigados a fondo y valorados.

Los fines de la entrevista, aunque tan variados como los que hemos señalado, pueden reducirse a tres básicos:

a) Obtener información.

b) Proporcionar información.

c) Influir sobre ciertos aspectos de la conducta del entrevistado.

Obviamente, por razón del fin que se persigue en este estudio, nos referimos aquí casi exclusivamente a la primera finalidad.

La información que debe buscarse, no se refiere a hechos objetivos y comprobables, siendo aconsejable para estos casos otro medio de investigación, sino más bien aquellos casos en que nos interesa conocer opiniones, interpretaciones, actitudes, posición frente a un problema, y otra serie de factores de índole preferentemente subjetiva. En muchas ocasiones, se usa también la entrevista para obtener datos objetivos, pero en los cuales nos interesa conjunta, y casi preferentemente, el matiz especial de apreciación, entusiasmo, oposición, etc., que van unidos a estos hechos.

La entrevista nos sirve también para preguntar muchos antecedentes personales que, de investigarlos por escrito, dificultarían la contestación, o podrían causar cierta molestia o desconcierto.

3. Entrevista espontánea y dirigida

Aunque en toda entrevista, según la definición dada, se supone cierta dirección por parte del entrevistador, se desarrollará tanto mejor cuanto menos pueda apreciarse tal dirección, porque facilitará el "rapport" de que hablaremos después, o sea, el lazo de confianza que debe establecerse entre entrevistador y entrevistado.

Sin embargo, habrá entrevistas en que predomine la dirección, y otras en la que predomine la espontaneidad. En el caso de entrevistas de investigación, de suyo suele predominar la primera; el secreto radica en saber combinar ambas características.

Desarrollaremos la técnica de la entrevista en tres puntos principales:

A. Cómo se prepara.
B. Cómo se desarrolla.
C. Cómo se sumariza.

A. Preparación de la entrevista

1. Ante todo, debe precisarse con toda exactitud lo que se desea obtener por medio de ella; no sólo los elementos objetivos, sino principalmente los matices de que hemos hablado. Pueden aplicarse aquí las reglas dadas sobre la observación.

2. Debemos comprobar si no existen otros medios de investigación más útiles para el caso. v.gr.: si hay archivos, documentos, registros, etc., que, cuando se trata de cosas eminentemente objetivas, quizá sean más eficaces.

3. Debe prepararse una guía muy breve para la conducción de la entrevista. Aunque ésta no es un cuestionario, como hemos explicado, ya que sólo sirve para recordarnos los tópicos principales sobre los que investigaremos en la entrevista, ayuda grandemente a conducirla con orden, a no olvidar los aspectos básicos, etc.

4. La preparación del local y del ambiente no depende de nosotros, en la mayoría de los casos, cuando se trata de entrevistas de investigación con personas extrañas a nuestra empresa. Pero cuando se trata de empleados de ésta, conviene realizarla en un local aislado: si es de un jefe, en su despacho, y si es de un subordinado en el del entrevistador.

En todo caso debemos tratar de celebrarla en el momento en que consideremos que el entrevistado contará con más tiempo, aunque para ello tengamos que diferirla, esperar, etc.

5. Anuncio de la entrevista. En las entrevistas donde la espontaneidad es lo básico, este anuncio puede ser contraproducente. Pero en las de obtención de datos, conviene, por el contrario, solicitarla anunciando su objetivo, pues esto permite al entrevistado recabar información, arreglar sus papeles de consulta, etc.

6. Número de personas entrevistadas. Dependerá obviamente del problema que se vaya a investigar, de las personas que posean esos datos, etc.; de suyo no parece conveniente que, en la mayoría de los casos, hagamos investigaciones en un número muy reducido. Así, algunos autores opinan que, siempre que se pueda, debe procurarse concertar por lo menos treinta entrevistas, para determinar la tendencia de las diferentes opiniones.

B. *Cómo se desarrolla*

1. Debe comenzarse por explicar el objeto de la entrevista y los beneficios que se esperan de ella, tratando de destacar los que puedan interesar al entrevistado. Si las personas a quienes entrevistamos están obligadas a contestarnos, como sucede en el caso de empleados o jefes de nuestra empresa, nuestra atención se enfocará a despertar en ellos el máximo interés posible, señalándoles que, a través de la entrevista, podremos mejorar condiciones en la empresa, evitar problemas, etcétera. Cuando se trate de personas extrañas, será necesario enfatizar la reciprocidad en casos similares y, sobre todo, la comunicación de los resultados de la entrevista, aunque bajo clave y debidamente tabulados.

Cuando se trate de personas tales como público, consumidores, etc., es muy usual emplear el recurso de ofrecer algún regalo v.gr.: productos de la empresa. Debe cuidarse en este caso de dar a estos obsequios un papel más bien secundario; de lo contrario, fácilmente nos contestarán solamente por adquirir esos obsequios.

2. Debe comenzarse por establecer y mantener el rapport más adecuado. Como ya señalamos, se trata de crear *un ambiente de plena confianza entre entrevistador y entrevistado*. Esto se obtiene garantizando ante todo la discreción y el uso de los datos exclusivamente para el objeto señalado. Esta declaración, obviamente, constituye un compromiso moral que debe ser respetado.

Pero hay que usar de otros medios, tales como iniciar la plática sobre puntos que sepamos son de interés para el entrevistado, el uso de anécdotas, etc.; en una palabra, todo aquello que tienda a "romper el hielo" según nuestra conocida y gráfica frase.

3. Deben lanzarse primero las preguntas más sencillas. Estas facilitarán la contestación de las siguientes. Puede comenzarse por las preguntas que nos conste que esa persona estaría dispuesta en todo caso a contestarnos.

4. Debemos permitir que el entrevistado exponga los hechos a su modo, y luego ayudarlo a llenar las lagunas u omisiones. Si queremos obtener los datos desde el principio "a nuestro modo" y fácilmente, podemos perder la oportunidad de conseguirlos.

5. Debe formularse sólo una pregunta cada vez, por razones obvias de claridad. Pueden aplicarse además todas las reglas sobre ésta, señaladas para el cuestionario.

6. Debe anotarse todo dato u observación importante que fácilmente se nos escaparía en caso de no tomarla. En esto difiere algo la entrevista de investigación de los otros tipos, donde el tomar datos puede originar suspicacias.

7. Debemos escuchar con atención e interés: sólo interrumpir para ampliaciones o aclaraciones, o cuando la entrevista se desvía seria y largamente de su tema fundamental.

8. No debemos dar sensación de que tenemos prisa, porque ello fácilmente limitará la información que se nos está proporcionando.

9. Si la entrevista se alarga, y encontramos que el entrevistado muestra cansancio, podemos insensiblemente introducir una anécdota pertinente, o un caso concreto de aplicación de

lo que estamos tratando, y volver después al tema de nuestra entrevista.

10. Nunca debemos implicar juicios sobre lo afirmado por el entrevistado: estamos recibiendo un favor. Menos aún debemos contradecir, aunque nos conste de la falsedad de los datos proporcionados.

11. Debemos aplicar en forma intensa nuestra observación a todos los detalles secundarios: actitud de la persona, seguridad de sus respuestas, timidez, nerviosismo, etc.

12. Las preguntas embarazosas o difíciles deben prepararse con otras que faciliten su respuesta v.gr.: si preguntamos problemas familiares, antecedentes penales, etc., aclarar que, aun personas de la mejor calidad moral, y hogares perfectamente establecidos pueden encontrarse, sin su culpa, por error etc., sujetos a problemas de esta índole.

13. Deben evitarse las preguntas capciosas: éstas son aquellas en que se trata de obtener sorpresivamente una res puesta, en razón de la forma en que se hizo la pregunta. De ordinario se dan cuando se preguntan dos hechos, uno de los cuales se da por supuesto v.gr.: ¿no preferiría usted ganar más a destajo que por jornada? estamos dando por supuesto que a destajo se ganará más.

14. Debemos garantizarnos en lo posible, de que hemos preguntado todo lo que deseábamos saber: es difícil y molesto tener que repetir la entrevista. A veces es imposible.

15. Al terminar, debemos hacer un breve iesumen de lo que, a nuestro juicio, hemos obtenido directamente de la entrevista (por supuesto no de nuestras observaciones personales), y leerselo al entrevistado para que nos manifieste su conformidad: de esta manera se evitan muchos errores de apreciación. En los casos más importantes v.gr.: encuestas de salario, conviene mandarles después el resumen, para que lo ratifiquen o rectifiquen, según el caso.

16. Hay que procurar entrevistar, y no ser entrevistado: hay entrevistadores que, por su demasiada locuacidad, o por incapacidad de provocar una fluidez de ideas por parte del entrevistado, apenas si averiguan algo del entrevistado, y en cambio, han proporcionado a este último una enorme serie de datos.

C. *Cómo se sumariza*

1. Inmediatamente después de terminada la entrevista, con el fin de que no se nos escapan datos de observación, trataremos de hacer el resumen de nuestras impresiones personales. Para ello ayudan algunas preguntas generales que suelen ponerse en la guía (véanse los apéndices). Este resumen debe hacerse por escrito.

2. Deben distinguirse cuidadosamente los hechos, de las interpretaciones del entrevistado y del entrevistador. Ya indicamos que uno de los objetivos de la entrevista es el de conseguir elementos subjetivos o de apreciación sobre los hechos; pero debemos distinguir con claridad: 1) lo que el entrevistado "nos dijo que ocurrió", 2) lo que *él opina* sobre esos hechos y 3) *lo que nosotros opinamos o inferimos* de lo que nos dijeron.

3. Debemos tratar de comprobar las respuestas, siempre que sea posible, y no se trate de datos objetivos tomados de registros. Con todo el inmenso valor de la entrevista, no proporciona en realidad sino ciertas inferencias o suposiciones, a menos de que la persona nos haya dado datos sobre hechos concretos.

Necesitamos, en la mayoría de los casos, tratar de comprobar por otros medios esos hechos que suponemos ciertos.

4. Debemos procurar tabular las opiniones recogidas, tratando de observar cuáles son las tendencias que pueden deducirse. Aplicaremos aquí las normas dadas respecto de la tabulación de la entrevista por cuestionario.

REGLAS SOBRE LOS CURSOS ALTERNATIVOS DE ACCION

Su sentido

Las reglas del objetivo se refieren a la determinación del fin buscado; las de la investigación, al conocimiento de los factores o medios positivos y negativos. Los cursos alternativos de acción resuelven el problema de cómo lograr la más eficiente adaptación posible de los medios al fin.

Es norma básica al respecto en la moderna administración, que ésta será tanto mejor, cuanto mejor podamos contar con diversos caminos para lograr el fin, con cursos de acción entre los que podamos escoger, o que podamos cambiar o alternar según las circunstancias.

En la mayoría de los casos es posible estructurar cursos de acción diversos. Se sufre, dice Drucker, "la falacia del camino único". Este capítulo, tiende a vencer esa falacia, tanto más peligrosa, cuanto, por tratarse de algo totalmente nuevo, vamos ordinariamente a planearlo y organizarlo con ciertas ideas preconcebidas que nos llevan irresistiblemente hacia ese camino. Cuando, por el contrario, se trata de algo ya preexistente que queremos cambiar, reformar o mejorar, la rutina y los hábitos por lo general, suelen hacer que dejemos de apreciar otras posibilidades distintas de aquellas que la experiencia nos ha enseñado.

Algunas reglas auxiliares

1. Debemos esforzarnos por pensar cómo podríamos lograr el mismo fin que nos hemos propuesto, pero con diversos medios.

Así, si hemos logrado hasta ahora el aumento de ventas a base de publicidad muy costosa, podemos buscar si no constituye un camino igual o mejor, el seleccionar y adiestrar más perfectamente a nuestros vendedores, el reducir los precios con lo que ahorraríamos en publicidad, el mejorar nuestros sistemas de ventas, etc.

2. Podemos, por el contrario, analizar si la investigación de los medios no nos indica alguna modificación, precisión, ampliación o reducción en el objetivo inicialmente señalado.

Ya hemos señalado esto en la **Pág.** 110 al analizar ¿quién debe fijar los objetivos?

3. Debemos aplicar aquí también la regla de no tomar el dilema: "se hace o no se hace", sino analizar combinaciones intermedias.

(Véase la regla correspondiente entre las del objetivo.)

4. En los organismos ya en operación, vale la pena algunas veces analizar qué efectos podría producir "la no acción".

Para ejemplificar esta regla, el autor multicitado, Drucker, narra cómo, un puesto cuya ocupación siempre había sido problema en cuanto a lograr la persona adecuada, en una ocasión se dejó vacante, buscando estudiar ¿qué pasaría si no se llenara dicho puesto? La realidad demostró que "nada pasó", antes, por el contrario, las actividades se desarrollaron mejor, como lo había sospechado el gerente, al observar las dificultades para encontrar la persona adecuada.

5. *Para valorizar los diversos cursos de acción que se presenten, con el fin de escoger el mejor o los mejores, deben usarse como criterios:*

A. El riesgo esperado, comparado con los posibles beneficios.

B. La mayor economía de esfuerzos.

C. El tiempo necesario para desarrollar cada curso.

D. La limitación de recursos con que pueda contarse, sobre todo, los de tipo humano. Muchas veces se piensa en un programa magnífico, sin pensar si los hombres con que podemos contar serán adecuados para realizarlo. "Ningún camino es mejor que los hombres que han de recorrerlo."

6. *En todo caso es necesario a la empresa que confronte un problema:*

A. Definirlo con exactitud.

B. Separar los factores básicos que intervienen en él: de ordinario son cuatro o cinco.

C. Tratar de definirlos y hacerlos mensurables, sea en forma matemática, si admiten cuantificación, o sea, por lo menos, en forma indirecta, lo que se consigue definiendo el nivel óptimo de realización, y fijando tres o cuatro grados de dicha realización inferiores a ese nivel.

D. Ensayar diversas combinaciones de los factores en sus distintos grados, logrando con ello diversas soluciones alternativas.

E. Poner por escrito dichas soluciones alternativas, consignando las ventajas y desventajas o limitaciones de cada una de aquellas.

F. Ponderar estas ventajas y desventajas para la situación concreta que tratamos de resolver, de preferencia dentro del trabajo colectivo de un comité.

G. Escoger la solución mejor, y complementarla con todos sus detalles.

H. Tratar de ver si las otras soluciones pueden quedar incorporadas en el plan, como caminos de recambio, para situaciones especiales, fallas de la solución principal adoptada, etc.

En los Apéndices ponemos un modelo sencillo de este procedimiento.

TECNICAS SOBRE CURSOS ALTERNATIVOS DE ACCION

Aunque existen varias, sobre todo de carácter matemático, nos limitaremos a dar una idea sumaria, como corresponde a principios de administración de empresas, sobre la investigación de operaciones —conjunto de técnicas similares, más bien que una sóla técnica idéntica— en razón del auge que, con sobrado motivo, ha tomado dentro de la administración.

Concepto de la investigación de operaciones

Afirman Koontz y O'Donnell que existen tantas definiciones de esta técnica, como autores tratan de ellas. La razón, quizá, pueda encontrarse en lo indicado antes: son más bien un conjunto de técnicas análogas, que una sola técnica, aunque su fin y lo esencial de su proceso, sean iguales.

Nosotros trataremos de describirlas, como un procedimiento científico, que busca proveer las bases más objetivas y cuantitativas que sea posible, con el fin de apreciar mejor los diversos factores o variables que intervienen en un problema, y analizar su relación, a través de un modelo, para encontrar una solución óptima entre varias posibles.

Cualquier administrador puede estructurar diversos cursos de acción, analizando y comparando los diversos factores que intervienen en él, cada uno aplicado en los principales grados o niveles en que se pueda utilizar. Pero esto lo puede hacer en un área muy reducida, y con fundamentos casi puramente subjetivos; la investigación de operaciones le ayuda a ampliar dicha área, y le proporciona fundamentos más precisos, haciendo que esos factores tengan una representación lo más objetiva y cuantitativa que sea posible, incluso bajo series de fórmulas matemáticas; y, sobre todo, le permite que pueda apreciarse la relación entre las diversas combinaciones de esos factores, en forma más técnica, objetiva y cuantitativa, mediante un modelo. Ello permitirá que, las casi infinitas combinaciones de factores, fijados ciertos límites de optimización, puedan ser trabajados mediante computación electrónica, cuyos resultados nos indicarán las mejores soluciones, con sus ventajas y desventajas.

Su origen

Durante la segunda Guerra Mundial se empezó a aplicar, con el fin de determinar el mejor aprovechamiento posible de la Fuerza Real Aérea Británica. Su éxito llevó a utilizarla para determinar el mejor modo de organizar y conducir los convoyes, la mejor forma de utilizar y combinar ciertas armas, etcétera.

Su nombre, algo inadecuado (alguien ha dicho que ni es investigación, ni se refiere a operaciones: ("neither operations, nor research"), se debe a que, en su principio, derivó de una "investigación" que se mandó hacer respecto de ciertas "operaciones" militares.

Sus etapas básicas

Como una regla muy general, pueden señalarse los siguientes pasos:

a) *Formulación del problema*. Implica la precisión más exacta de los objetivos, y de las relaciones de los elementos que nos conducirán a lograrlos, dentro del *sistema* en el cual operarán, los efectos que producirán en otros conexos, etc.

b) *Construcción de un modelo matemático*. Es quizá el paso más típico del procedimiento. Koontz y O'Donnell lo consideran como "la representación lógica de un problema". En realidad, constituye un símbolo o representación objetivos (lógico, gráfico, matemático, físico, etc.) de las relaciones que se dan entre los diversos factores o variables del problema:

puede consistir en algo físico, construido a escala (modelo de una máquina, de la estructura de un átomo); gráfico: una representación simbólica, contable, etc.; pero, sobre todo, es importante el modelo matemático, constituido por una serie de ecuaciones, ya que éstas nos permiten la máxima cuantificación. Este modelo expresa la efectividad del sistema bajo estudio, como una función de un grupo de variables de las que, por lo menos una, es controlable. La fórmula más general es:

$$E = f(x_i, y_i)$$

en la que E representa la efectividad del sistema, x_i las variables del sistema sujetas a control, y y_i, las variables no sujetas a él. Lo fundamental de un "modelo" es que constituye una representación objetiva y cuantitativa del "sistema", y de las relaciones entre sus factores o variables, para facilitarnos el comprender claramente, y sobre todo, analizar, el mayor número posible de combinaciones que de ellos pueden hacerse, dentro de los límites de una óptima efectividad de ese sistema.

Evidentemente, lo anterior supone que los factores o variables deben ser, de algún modo, cuantificables; los que no lo sean, como ocurre con los humanos, psicológicos o sociales, deben hacerse lo más cuantitativos que sea posible, a base de medios tales como el cálculo de probabilidades y otras técnicas estadísticas.

c) *Análisis del modelo*. El que propiamente merece ese nombre, es el que consiste en el uso de deducciones matemáticas a base de cálculo, álgebra de matrices, etc. Pero puede realizarse también el procedimiento conocido como numérico, cuya forma más simple consiste en ensayar valores distintos de las variables, comparando los resultados que se obtengan.

d) *Comprobación del modelo y de la solución derivada de él*. Un modelo, por perfecto que parezca, no es sino una representación parcial de la realidad. Debe determinarse la precisión con que predijo el efecto de los cambios, ensayando los resultados que se obtienen aplicando la solución, con los que se obtenían sin ella.

e) *Establecimiento de controles para la solución*.

f) *Iniciación del nuevo procedimiento, o solución a que se llegó*.

Principales técnicas de investigación de operaciones

1. *Modelos para adopción de decisiones*

Como acabamos de explicarlo, la mayor parte de *los modelos son matemáticos*, ya que expresan las relaciones que existen entre las variables en forma cuantitativa. Pero existen también *los modelos descriptivos*, si están destinados solamente a describir los hechos que intervienen en un problema, y las relaciones que se dan entre dichos hechos, v.gr.: pronósticos.

Los modelos más usados son los llamados de *política directriz*, que expresan en ciertos términos técnicos los objetivos deseados, así como las relaciones de las variables, en cuanto influyen en dichos objetivos, en forma tal que pueda determinarse la relación óptima entre dichos factores y los objetivos. Resulta con ello, que los diversos cursos de acción pueden valorarse de algún modo matemáticamente. Debe cuidarse, con todo, de tomar en cuenta en el análisis, la influencia de los factores imponderables.

2. *La utilización del cálculo de probabilidades*

Nos hemos referido ya a este interesante método de estadística que, basándose en la experiencia sobre ciertos hechos, deduce que es probable que ocurran en lo futuro dentro de pautas predecibles. Las desviaciones de la probabilidad, caen así, dentro de un margen que puede predecirse y, por consiguiente, *dicha probabilidad es un substitutivo de datos que de otra manera nos serían totalmente desconocidos*. Con ello, el margen de error en las soluciones, aunque no eliminado, queda grandemente reducido.

3. *Teoría de juego*

Ha servido principalmente para el análisis y la previsión de los problemas de competencia. Aunque demasiado complicado, se basa en la premisa de que todo hombre que actúa en forma racional, procura maximizar su ganancia, y minimizar sus pérdidas, y que, por lo tanto, la acción de todo competidor, podrá ser de algún modo predecida, ya que se verá impulsado por esos motivos, es decir, se podrán predecir los cursos de acción que más seguramente adoptará.

4. La teoría de las "colas" o líneas de espera

Toma su nombre de las filas de gente que esperan. Utiliza fórmulas matemáticas para equilibrar el costo de las colas, en comparación con el que representaría suprimirlas mediante un mejoramiento en el servicio. Su fundamento es que el costo de la eliminación de una demora, puede resultar más caro que el de su conservación. Así, V.gr.: se ha estudiado comparativamente el costo de los puestos de peaje a la entrada de carreteras con el costo de la reducción de las colas, para obtener la combinación óptima de ambos elementos.

5. La programación lineal

Es, seguramente, *la más extendida e importante de las técnicas de investigación de operaciones*. Busca determinar la combinación óptima de recursos limitados para lograr un objetivo, bajo la base de que exista una relación entre las variables, *que puede ser expresada mediante una ecuación lineal*. Se aplica principalmente en problemas de planeación, en que los datos y los objetivos pueden quedar sujetos a una medición definida, v.gr.: costos de transportación, de mantenimiento, de almacenes, de planeación, de rutas y abastecimiento de una línea de producción, etc.

6. Otras técnicas

Suelen emplearse también, otros métodos, como *el uso de la lógica simbólica*, en el cual, los programas han sido sustituidos por símbolos, con el fin de poder analizar más profundamente problemas complicados. *La teoría de la búsqueda*, que tiene como fin localizar ciertos elementos, v.gr.: los clientes para un producto. *La teoría del valor*, que asigna un significado numérico a los elementos imponderables, con el fin de analizar su influencia en las alternativas. *Los métodos Montecarlo*, que reducen a ciertos modelos los elementos que se producen al azar, para simular determinados acontecimientos, tales como averías en las máquinas, posibilidades de compras, etc., con el fin de analizar los sistemas de mantenimiento más adecuados, el mejor stock de productos para vender, etc. *La introducción de la servo-teoría en los problemas de la administración*, utilizada en el diseño de sistemas de control automático (por ejemplo, el termostato) en el cual el principio del feed-back se emplea para lograr que la información mecánica sea utilizada para corregir automáticamente las desviaciones o errores.

Algunos ejemplos de su aplicación industrial

Con el solo objeto de que pueda mejor entenderse esta técnica, mencionaremos algunos ejemplos de casos en que puede aplicarse.

a) *Inventarios. Producción* los quiere lo más amplios que sea posible; *Finanzas* desea, por el contrario, que sean lo más cortos posibles; *Ventas* los desea variados, para permitir una producción diversificada en cualquier momento con rapidez. La Investigación de Operaciones puede determinar: el nivel adecuado, el monto mínimo de materiales que satisface mejor todos los requerimientos; momento más oportuno para hacer las requisiciones; forma en que deben disponerse los almacenes mejor, lugar de su colocación, etc.

b) *Localización.* Lugar en que están en mejores condiciones las distintas unidades de una empresa para su mejor coordinación; forma mejor de combinar los recursos insuficientes para los mejores resultados, etc.

c) *Reemplazo del equipo.* Puede determinarse el tiempo más conveniente para reemplazar el equipo antes de que se vuelva obsoleto, menos productivo, etc., en forma de que se pierda más usándolo, o por el contrario, se gaste innecesariamente en su cambio prematuro; sistema de mantenimiento preventivo más aconsejable, para ni perder con un costo elevado que represente y resultaría innecesario, ni tampoco tener gastos por un mantenimiento inadecuado, etc.

d) *Problemas de competencia.* Se trata de "adivinar", en cierto modo cuáles serán los cursos de acción que otros competidores seguirán frente a una acción nuestra, sus resultados, etc. Se funda esto en el cálculo de probabilidades, teoría de los juegos, etc.

e) *Procesos combinados.* Pueden multiplicarse hasta el infinito las posibilidades. De ordinario, lo más usual es combinar diversos problemas en producción, localización, inventarios, rutas, mejor combinación de las máquinas, etc.

Limitaciones de la investigación de operaciones

a) No substituye al criterio del administrador, solamente lo ayuda.

b) No puede usarse con un número ilimitado de factores.

c) Los factores de índole "humana", lógicamente, no pueden ser medidos con exactitud, aun supuesto el uso de medios estadísticos, tendencias, etc.

Sus beneficios

a) Permite analizar los probables resultados de miles y aun millones de alternativas.

b) Limita el área de decisión, eliminando factores o soluciones totalmente inconducentes.

c) Da objetividad y solidez en la "toma de decisiones".

d) Permite encontrar cuáles serían los resultados de nuestros más importantes cursos de acción, y analizar el por qué, con bases objetivas.

e) Nos revela en ocasiones cursos de acción que de otro modo dificilmente se nos ocurrirían.

Anexo No. 1.

EJEMPLO DE UN CUESTIONARIO PARA
INVESTIGACIÓN DE MERCADO

Finalidad de la encuesta. Este cuestionario tiene por objeto determinar las características que más agraden al fumador de cigarros, a fin de que, al lanzarse un nuevo producto al mercado, satisfaga plenamente los gustos del consumidor.

Agradeceremos la contestación cuidadosa de este cuestionario, sobre la base de su colaboración en la prueba de muestras, porque nos ayudará a satisfacer sus preferencias y las del público.

I. *Identificación personal:* (si desea guardar el anonimato, puede Ud. no llenar este inciso).

Nombre: —————————————————— Edad: ——————

Dirección: ———————————————— Tel.: ——————

Estado civil: ——————— Ocupación: ————————————

II. *Marca de cigarro fumado:*

1. ¿Cuántos años tiene de fumar? ——————— ¿Cuál es su consumo semanal en cajetillas? ———————

2. ¿Qué marca(s) de cigarro fuma actualmente? ————————

3. ¿Ha fumado siempre la misma marca? ———— En caso contrario ¿Por qué dejó de fumarla(s)?

Marcas	Motivos
a) ——————————	——————————————————
b) ——————————	——————————————————
c) ——————————	——————————————————
d) ——————————	——————————————————

Observaciones: ————————————————————————
————————————————————————————————

4. Motivos de preferencia por la(s) marca(s) que fuma actualmente: (marque con una cruz).

Precio	☐	Por tabaco oscuro	☐
Sabor	☐	Por tabaco rubio	☐
Aroma	☐	Por el filtro	☐
Por fuerte	☐	Por el tamaño	☐
Por suave	☐	Por la cajetilla	☐

Otras razones: ———————————————————————
————————————————————————————————

5. ¿Encuentra siempre su marca en el mercado? ————————
fácilmente ———————————— Con dificultad ————————
No la encuentra ————————————————

6. En caso de no encontrar su marca ¿cuál suele comprar? ————
————————————————————————————————

III. *Prueba de muestras:*

1. ¿Cuántos cigarros de la muestra fumó? —————————

2. *A)* ¿Le gustó la muestra que le ofrecieron? ————. En caso de haberle gustado, anote la razón. (Marque con una cruz.)

Sabor	☐	Por tabaco oscuro	☐
Aroma	☐	Por tabaco rubio	☐
Por fuerte	☐	Por el filtro	☐
Por suave	☐	Por el tamaño	☐

Otras razones: ————————————— —————————
—————————————————————————

B) Si no le gustó (marque con una cruz sus motivos).

Sabor	☐	Por tabaco oscuro	☐
Aroma	☐	Por tabaco rubio	☐
Por fuerte	☐	Por el filtro	☐
Por suave	☐	Por el tamaño	☐

Otras razones: —————————————————————
—————————————————————————

C) ¿Le es indiferente la muestra que le ofrecieron comparada con la que fuma? —————————————

3. ¿Dejaría de fumar su marca por la que le ofrecieron? ————— Razones: ————————————————————————

4. ¿Cambiaría el substituto de su marca (la que fuma cuando no encuentra ésta), por la muestra ofrecida? —————————
—————————————————————————

Observaciones: ——————————— —————————
—————————————————————————

IV. *Envoltura y marca:*

1. ¿Qué tipo de envoltura le gustaría. (Marque con una cruz.)

Tipo tradicional	☐
Cajetilla dura	☐
Tipo inglés	☐

2. ¿Sugeriría algún cambio en la forma de las cajetillas?

Más aplanadas	☐
Más largas	☐
Sin bordes	☐

Otros cambios —————————————————————

3. ¿Qué combinación de colores y dibujos de las láminas que se le entregan, preferiría Ud. para el tipo de cajetilla que eligió?

Lámina 1	☐
Lámina 2	☐
Lámina 3	☐

4. ¿Qué nombre le gustaría más? (Marque con una cruz.)

Aztecas   ☐
Onix   ☐
¿Qué otro sugeriría? _____
Otras observaciones o sugerencias: _____
_____
_____
_____

V. Precio:

¿Qué precio estaría dispuesto a pagar por ese cigarro?
Mínimo: _____ Máximo: _____
Observaciones: _____
_____

México, D. F. A ____ de _____ de 19____

Anexo No. 2.

EJEMPLO DE UN CUESTIONARIO PARA
SOLICITUD DE TRABAJO

Este cuestionario tiene por fin determinar cómo puede coordinarse y satisfacerse mejor la necesidad que la empresa tiene de un empleado, y la de Ud. para encontrar un puesto.

Por su interés y el nuestro, le rogamos contestarlo con la mayor precisión y claridad. Favor de usar letra legible.

La información que proporcione será confidencial, y se usará exclusivamente para los efectos de su selección y futuro trabajo.

I. INFORMACIÓN GENERAL

A. *Generales del solicitante:*

Nombre: _____ _____ _____
              Nombre   Apellido paterno   Apellido materno

Dirección: _____ _____ _____
                       Calle   Núm.   Z. P.

Colonia: _____ Tel. { Domicilio: _____

                                { Trabajo: _____

B. *Nacimiento:*

Lugar: _____ _____ _____
           Población   Estado   País

Fecha: _____ _____ _____
          Fecha   Mes   Año

Nacionalidad: _____

   a) Por nacimiento: _____

   b) Por naturalización: _____

C. *Documentos:*

Cartilla militar Núm.: _____

Afiliación al I.M.S.S. Núm.: _____

D. *Estado civil* (marque con una cruz).

    Soltero   □   Viudo   □

    Casado por la Iglesia □   Divorciado   □

    Casado por lo civil   □   Unión libre   □

E. *Constitución familiar:*

Nombre del padre: _____ ¿Vive? _____

Ocupación: _____

Nombre de la madre: _____ ¿Vive? _____

Ocupación: _____

Personas que dependan económicamente del solicitante:

Nombre	Edad (años)	Parentesco

Observaciones generales:

_____

_____

II. Antecedentes de trabajo

A. *Trabajo actual:*

¿Trabaja actualmente? ————. ¿En qué empresa? ————————

Salario (diario) ————

¿Puesto que ocupa? ————————

Sueldo (mensual) ————

¿Por qué desea cambiar de empleo? ——————————————

————————————————————————————————————

B. *Trabajos anteriores* (del más reciente a los primeros).

Nombre de la empresa	Dirección
a) ————————————	————————
b) ————————————	————————
c) ————————————	————————

Puesto que ocupó en las empresas	Período (en meses y años)				Sueldo percibido
a) ———— De ————	de ——— a ————	de ———			————
———— ,, ————	,, ———— ,, ————	,,			————
b) ———— ,, ————	,, ———— ,, ————	,,			————
———— ,, ————	,, ———— ,, ————	,,			————
c) ———— ,, ————	,, ———— ,, ————	,,			————
———— ,, ————	,, ———— ,, ————	,,			————

Razones por las que dejó los empleos en:

a) ————————————————————————————————

————————————————————————————————————

b) ————————————————————————————————

————————————————————————————————————

c) ————————————————————————————————

————————————————————————————————————

Observaciones: ——————————————————————————

————————————————————————————————————

III. Estudios realizados

	En la escuela:	Dirección	De 19——— „ 19———
1. Primaria	—————————	————————— „ ——— „ ———
	—————————	————————— „ ——— „ ———
2. Secundaria.	—————————	————————— „ ——— „ ———
	—————————	————————— „ ——— „ ———
3. Preparatoria.	—————————	————————— „ ——— „ ———
	—————————	————————— „ ——— „ ———
4. Estudios comerciales.	—————————	————————— „ ——— „ ———
	—————————	————————— „ ——— „ ———
5. Estudios técnicos (Sub-profesionales).	—————————	————————— „ ——— „ ———
	—————————	————————— „ ——— „ ———
6. Profesionales.	—————————	————————— „ ——— „ ———
	—————————	————————— „ ——— „ ———
7. Idiomas.	—————————	————————— „ ——— „ ———
	—————————	————————— „ ——— „ ———
8. Otros.	—————————	————————— „ ——— „ ———
	—————————	————————— „ ——— „ ———

9. ¿Qué estudia actualmente? ————————————————
¿Dónde? ————————————————————

10. Dominio de idiomas.

(Indique en cada renglón y columna su dominio del idioma,

Así: P: perfectamente, R, regular o E: escasamente).

	¿Lo habla?	¿Lo lee?	¿Lo escribe?	¿Lo entiende?
Inglés.	—————	—————	—————	—————
Francés.	—————	—————	—————	—————
Otros.	—————	—————	—————	—————
	—————	—————	—————	—————

11. ¿Ha tomado cursos monográficos, o recibido entrenamiento en:

	En qué Institución	Por cuánto tiempo
Ventas.	—————————	—————————
Ingeniería Industrial.	—————————	—————————
Relaciones Industriales.	—————————	—————————
Otros.	—————————	—————————
	—————————	—————————

IV. Información personal

¿Qué puesto o puestos desearía ocupar en esta empresa? (enumérelos en orden del mayor al menor interés que representan para usted).

1) _____
2) _____
3) _____

¿Qué estudios o experiencias considera Ud. que le servirán de preparación directa para su trabajo en dicho(s) puesto(s)? _____

_____

¿Ha tenido personal bajo sus órdenes? ____¿en qué puestos y empresas? _____

¿Cuántas personas? _____. ¿Qué tipo de puestos ocupaban sus subordinados? _____

¿Quién lo dirigió a esta empresa? _____
¿Por qué le gustaría o desearía trabajar en ella? _____

Personas que puedan dar referencias de Ud.

1. _____ _____ _____
        Nombre   Dirección   Teléfono
2. _____ _____ _____
        Nombre   Dirección   Teléfono

Motivo por el cual lo conocen a Ud.
¿Tienen parentesco con Ud? _____¿Cuál? _____

1. _____ _____ _____
        Nombre   Dirección   Teléfono
2. _____ _____ _____
        Nombre   Dirección   Teléfono

Motivo por el cual lo conocen a Ud.
¿Tienen parentesco con Ud? _____¿Cuál? _____

Observaciones generales:

_____
_____
_____
_____

México, D. F., a ____de _____ de 19____.

_____
           Firma.

Anexo N° 3

EJEMPLO DE CARTA PARA SOLICITAR COLABORACIÓN EN UNA ENCUESTA

México, D. F., a 11 de septiembre de 1965.

Sr. Pedro Ramírez Corona.
Director General de
Industrias "SILEX", S. A.
PRESENTE

Muy señor nuestro y amigo:

Nuestra empresa está iniciando una Encuesta de Salarios, que realizará bajo la dirección técnica del Bufete "Consultoría Administrativa, S. A.", en negociaciones que tengan puestos de índole similar a los suyos.

En tal virtud, conociendo el espíritu progresista que anima a la empresa que Ud. acertadamente dirige, y el interés que en lo particular ha mostrado siempre por el impulso y desarrollo de las modernas técnicas de Administración Científica, nos permitimos suplicarle su colaboración en la Encuesta, rogándole que, para ello, se sirva ordenar que su Departamento de Personal conteste los cuestionarios que al efecto nos permitimos acompañar.

Los datos que se sirvan comunicarnos, se conservarán bajo el más absoluto sigilo y serán considerados como información estrictamente confidencial, para garantizar lo cual, se manejarán bajo una clave que señalaremos a cada negociación. Si para ustedes fuere un requisito el anonimato en la contestación, puede enviarnos los cuestionarios llenos sin su nombre, en el sobre rotulado y debidamente franqueado que al efecto acompañamos.

Los resultados de la Encuesta, tabulados bajo las claves correspondientes, serán comunicados a las empresas participantes, teniendo la seguridad de que podrán ser para ustedes de un valor similar al que para nosotros representan.

Ofreciéndole desde ahora la seguridad de nuestra reciprocidad en cualquier ayuda similar que podamos prestar, nos es grato anticiparle nuestros agradecimientos por su cooperación, y repetirnos como siempre sus afectísimos atentos, amigos y seguros servidores.

HOJALATA DE MEXICO, S. A.

_____
Lic. Antonio Vázquez
Gerente General.

c.c.p. al Depto. de Personal.

Anexo No. 4.

Guía para conducir una entrevista de salida

1. *Finalidades de la entrevista.* Tiene por objeto determinar las verdaderas causas por las que el trabajador abandona la empresa. Con base en la información obtenida, se determinará si conviene, y es posible, tratar de conservarlo.

Si persiste en salir, se podrá utilizar su información para mejorar políticas, evitar descontentos, localizar deficiencias, etc., ya que se supone que, al salir, expresará sus opiniones sin temor ni reticencias.

2. *Observaciones al entrevistador.* Estudie anticipadamente el record del empleado, a fin de tener la información más completa y objetiva de su actuación dentro de la empresa.

Explique al empleado que sus puntos de vista, aun suponiendo que no permanezca con nosotros, constituirán una ayuda apreciable a la empresa para mejorar las condiciones del trabajo.

Aplique todas las demás reglas de la entrevista, recordando que se refiere a opiniones meramente subjetivas del entrevistado. El entrevistador no tomará necesariamente la respuesta, sino lo que se deduzca de ella.

I. *Generalidades*

   a) ¿Le gustaba el trabajo?
   b) ¿Qué ventajas cree haber obtenido de su desempeño?
   c) ¿Conoció oportuna y adecuadamente las políticas de personal?
   d) ¿Las considera justas y apropiadas?

II. *Condiciones de trabajo*

   a) ¿Su puesto de trabajo era tan limpio y agradable como lo permitían las condiciones de su tarea?
   b) ¿Considera que la jornada de trabajo estaba bien distribuida?
   c) ¿Considera que las labores eran innecesariamente penosas?

d) ¿Cree que existe algún riesgo que no esté debidamente protegido?

e) ¿Se le ha ocurrido algún cambio que pudiera hacer mas agradable o eficiente su trabajo?

III. *Salarios y prestaciones*

a) ¿Considera el empleado que su salario ha sido justo?

b) ¿Piensa que los salarios de la empresa están en proporción con los que pagan empresas similares?

c) ¿Cuáles prestaciones de las que da la empresa, eran, a su juicio, las más útiles? ¿Cree que deberían modificarse o mejorarse de algún modo?

d) ¿Qué otras prestaciones y/o servicios deberían a su juicio crearse?

IV. *Actitud del jefe inmediato*

a) ¿Han sido siempre amistosas las relaciones con su jefe inmediato?

b) ¿Explicaba dicho jefe, completa y claramente cada detalle del trabajo?

c) ¿Era demasiado exigente el jefe en asuntos relativos a la disciplina y al cumplimiento de las labores?

d) ¿Considera que recibía órdenes de jefes distintos sobre el mismo problema?

e) ¿Puede hacer algunas sugerencias sobre el trabajo, condiciones, etc.?

V. *Observaciones finales*

a) ¿Cuál es su opinión sincera acerca de la empresa?

b) (Si no ha resultado aún de las preguntas anteriores) ¿cuáles son los motivos por los que deja la empresa?

c) (Si de acuerdo con las respuestas anteriores aparece conveniente tratar de conservar al empleado) ¿se quedaría en la empresa, en caso de eliminarse las causas por las que pretende separarse?

ADVERTENCIAS AL ENTREVISTADOR

Del desarrollo de la entrevista deduzca:

a) Si los motivos por los cuales el empleado dice abandonar la empresa son los verdaderos, o cuáles podrían ser éstos.

b) Si existen fallas en los objetivos y políticas del departamento de personal.

c) Si vale la pena hablar con el jefe inmediato respectivo sobre los motivos de salida, para que, si conviene retener al empleado, se procure conservarlo.

d) Si las causas de la separación no están relacionadas con una actitud inadecuada del jefe inmediato, u otros jefes.

e) Qué mejoras, correcciones, etc., deben estudiarse para que, de ser cierto lo que el entrevistado manifiesta, se proceda a la corrección de las deficiencias que señala.

f) Anote las demás observaciones que considere interesantes sobre la entrevista.

Anexo No. 5.

OBJETO: Necesidad indiferible de elevar la calidad, para poder competir

FACTORES:

1. Maquinaria	2. Materia prima	3. Capacidad de los trabajadores	4. Actitud de los trabajadores
a) Ultimo modelo, de gran precisión y capacidad productiva, y alto costo.	a) Importada, de primera calidad.	a) Sometidos a entrenamiento intenso y permanente.	a) Colaboración entusiasta, a base de muy buena comunicación, incentivos económicos y administración de personal óptima.
b) De mediana capacidad productiva y de eficiencia normal.	b) Del país, pero de alta calidad.	b) Desarrollados a través de un curso intensivo.	b) Buen ambiente de colaboración, a base, sobre todo, de buena comunicación y administración de personal.
c) La maquinaria en uso, con deficiencias, pero capaz de rendir bien, usándola con sumo cuidado.	c) Importada, de mediana calidad.	c) Con entrenamiento normal, pero bajo intensa supervisión.	c) Colaboración normal, a base de evitar conflictos.
	d) Aprovechamiento de desechos de muy bajo costo, que pueden emplearse, siempre que se utilicen cuidadosamente.	d) Con entrenamiento y supervisión normales.	

157

ALGUNAS ALTERNATIVAS ESCOGIDAS

Alternativa I

Optima maquinaria y materia prima (1-a y 2-a), con eficiencia normal de los trabajadores (3-c) y buena actitud por parte de los mismos (4-b).

Ventajas:

a) En productos que exigen ampliamente la maquinización, ésta se reflejará necesariamente en la calidad.

b) La calidad será de suyo la óptima posible.

Desventajas:

a) La máxima erogación o inversión para la empresa.

b) El limitado entusiasmo de los trabajadores, puede redundar hasta en desperdicio de material, descomposturas de máquinas, etc.

Alternativa II

Desarrollo de la máxima capacidad en los trabajadores (3-a) y fomento de la mejor actitud de colaboración (4-a). La misma maquinaria que se está usando (1-c) y materia prima muy barata (2-d).

Ventajas:

a) No exige fuertes inversiones.

b) La materia prima y la maquinaria se aprovecharán al máximo.

c) El buen ambiente de colaboración, y la alta capacidad del personal, pueden reflejarse, incluso, en otras actividades.

Desventajas:

a) La calidad no será la óptima, por la limitación tope impuesta por la maquinaria y la materia prima, ya que el producto es altamente maquinizado.

b) Las medidas aplicadas sobre el factor humano no son infalibles: por un pequeño error pueden hacerse ineficaces.

Alternativa III

Usar la mejor materia prima del país (2-b) y maquinaria nueva, aunque no sea la de máximo rendimiento (1-b), combinando esto con las situaciones del caso anterior en capacidad y actitud (3-a y 4-a).

Ventajas:

La combinación de maquinaria y materiales en grados intermedios, y lo humano en grado alto, exige inversiones moderadas, y produce resultados muy apreciables.

Desventajas:

Puede ocurrir que, no obstante la intensa colaboración y capacidad, no se obtengan los resultados deseados, debido a cierta limitación de los aspectos mecánicos.

Alternativa IV

CUESTIONARIO

1. ¿Qué características de la mente humana son las que hacen posible y válida la previsión?
2. ¿Cuáles son las etapas en que se desarrolla?
3. ¿Considera Ud. que puede darse la certeza necesaria para que nuestras previsiones sean válidas y confiables?
4. ¿Cómo explica Ud. que los hechos del pasado sirvan para poder hacer previsiones válidas para el futuro? ¿Por qué las opiniones y los juicios subjetivos no sirven para esto?

5. ¿Por qué lo cuantitativo permite obtener previsiones más válidas?
6. ¿Cuál es la importancia práctica de fijar con precisión los objetivos en la empresa?
7. Enumere dos o tres objetivos dentro de cada una de las clasificaciones señaladas.
8. Encuentre dos o tres casos de aplicación para cada una de las reglas negativas mencionadas para fijar los objetivos.
9. Haga la fijación de los objetivos de un departamento en una empresa que Ud. conozca, usando las reglas positivas.
10. Clasifique dentro de alguna de las categorías señaladas, los principales factores positivos y negativos que intervengan en el logro de los objetivos, que haya fijado conforme a la pregunta anterior. Determine cuáles son mensurables y cuáles no; cuáles pueden estar a su alcance y cuáles son inaccesibles.
11. Señale dentro de ellos, dos o tres factores estratégicos.
12. ¿Cuál de las clases de observación le parecería más útil para investigar los factores estratégicos que haya establecido, y por qué razones la prefiere?
13. Formule un cuestionario para la investigación de uno de esos factores estratégicos, procurando que cumpla todas las reglas establecidas.
    Formule una hoja para tabular los datos que recogería en una encuesta, basada en ese cuestionario.
14. Formule una guía para algún tipo de entrevista que llevaría a cabo en la investigación de alguno de esos factores estratégicos.
15. ¿Considera Ud. que siempre es posible fijar cursos alternativos de acción?
16. ¿Cuál de las reglas dadas para establecer y valorizar diversos cursos de acción que se presenten, le parece más útil y necesaria?
17. Mencione algún tipo de problemas de una empresa que conozca, en la que, a su juicio, podría utilizarse con ventajas cada una de las distintas especies de técnicas de investigación de operaciones: programación lineal, método montecarlo, etc.

Lecturas que se recomiendan:

1. Churchman C. W., Ackoff R. L. y Arnoff E. L. *Introduction to Operations Research.* Págs. 3 a 19. Editorial J. Wiley & Sons, Inc. Londres, 1957.
2. Goode W. J. y Hatt P. K. *Methods in Social Research.* Págs. 119 a 231. Editorial McGraw-Hill Inc. New York.
3. Klein A. W. y Grabinsky N. *El Análisis Factorial.* Edición Depto. de Investigaciones Industriales del Banco de México, S. A. México, 1962.
4. Koontz H. y O'Donnell *Management a Book of Readings.* Págs. 48 a 110. Editorial McGraw-Hill Inc. New York, 1964.
5. Koontz H. y O'Donnell. *Principles of Management.* Págs. 94 a 133. Editorial MacGraw-Hill Inc. New York, 1964.

6. Miller D. W. y Martin K. S. *Acuerdos Ejecutivos e Investigación de Operaciones.* Págs. 424 a 457. Editorial Herrero Hnos. Sucs., S. A. México, 1961.

7. Terry G. R. *Principios de Administración.* Págs. 169 a 214. Editorial C.E.C.S.A. México, 1961.

8. Villers R. *Dinamismo en la Dirección Industrial.* Págs. 54 a 82. Editorial Herrero Hnos. Sucs., S. A. México, 1962.

CAPITULO VI

La planeación

SUMARIO

Concepto e importancia de la planeación.—Los principios de la planeación.—Reglas sobre las políticas.—Reglas sobre los procedimientos.—Reglas sobre los programas y presupuestos.—Técnicas de la planeación.—Anexos.

CONCEPTO E IMPORTANCIA DE LA PLANEACION

Su concepto

Ya hemos dicho que mientras la previsión estudia "lo que puede hacerse": "pre-ve" las condiciones en que deberá desarrollarse nuestra futura acción administrativa con base en esas previsiones, la planeación fija con precisión "lo que va a hacerse".

La planeación consiste, por lo tanto, en fijar el curso concreto de acción que ha de seguirse, estableciendo los principios que habrán de orientarlo, la secuencia de operaciones para realizarlo y las determinaciones de tiempos y de números, necesarias para su realización.

Goetz ha dicho que planear es "hacer que ocurran cosas que, de otro modo, no habrían ocurrido". Equivale a trazar los planos para fijar dentro de ellos nuestra futura acción.

Su importancia

Planear es tan importante como hacer, porque:

a) La eficiencia, obra de orden, no puede venir del acaso, de la improvisación;

b) Así como en la parte dinámica, lo central es dirigir, en la mecánica el centro es planear: si administrar es "hacer a través de otros", necesitamos primero hacer planes sobre la forma como esa acción habrá de coordinarse;

c) El objetivo (señalado en la previsión) sería infecundo, si los planes no lo detallaran, para que pueda ser realizado íntegra y eficazmente: lo que en la previsión se descubrió como posible y conveniente, se afina y corrige en la planeación;

d) Todo plan tiende a ser económico; desgraciadamente, no siempre lo parece, porque todo plan consume tiempo, que, por lo distante de su realización, puede parecer innecesario e infecundo.

e) Todo control es imposible si no se compara con un plan previo. Sin planes, se trabaja a ciegas.

LOS PRINCIPIOS DE LA PLANEACION

El principio de la precisión

"Los planes no deben hacerse con afirmaciones vagas y genéricas, sino con la mayor precisión posible, porque van a regir acciones concretas."

Cuando carecemos de planes precisos, cualquier negocio no es propiamente tal, sino un juego de azar, una aventura, ya que, mientras el fin buscado sea impreciso, los medios que coordinemos serán necesariamente ineficaces, parcial o totalmente.

Siempre habrá algo que no podrá planearse en los detalles, pero cuanto mejor fijemos los planes, será menor ese campo de lo eventual, con lo que habremos robado campo a la adivinación. Los planes constituyen un sólido esqueleto sobre el que pueden calcularse las adaptaciones futuras.

El principio de la flexibilidad

"Dentro de la precisión —establecida en el principio anterior— todo plan debe dejar margen para los cambios que surjan en éste, ya en razón de la parte imprevisible, ya de las circunstancias que hayan variado después de la previsión."

Este principio podrá parecer a primera vista, contradictorio con el anterior. Pero no lo es. Inflexible es lo que no puede amoldarse a cambios accidentales; lo rígido; lo que no puede cambiarse de ningún modo. Flexible, es lo que tiene una dirección básica, pero que permite pequeñas adaptaciones momentáneas, pudiendo después volver a su dirección inicial. Así, una espada de acero es flexible, porque doblándose sin romperse, vuelve a su forma inicial cuando cesa la presión que la flexiona.

PLANEACION

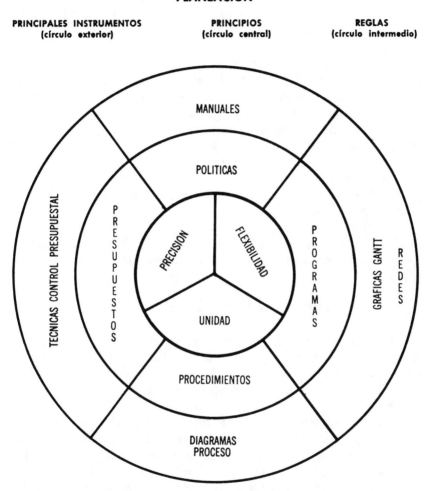

Todo plan preciso debe prever, en lo posible, los varios supuestos o cambios que puedan ocurrir:

a) ya sea fijando máximos y mínimos, con una tendencia central entre ellos, como lo más normal,

b) ya proveyendo de antemano caminos de substitución, para las circunstancias especiales que se presenten,

c) ya estableciendo sistemas para su rápida revisión.

El principio de la unidad

"Los planes deben ser de tal naturaleza, que pueda decirse que existe uno sólo para cada función; y todos los que se aplican en la empresa deben estar, de tal modo coordinados e integrados, que en realidad pueda decirse que existe un sólo plan general."

Es evidente que mientras haya planes inconexos para cada función, habrá contradicción, dudas, etc. Por ello, los diversos planes que se aplican en uno de los departamentos básicos: producción, ventas, finanzas y contabilidad, personal, etc., deben coordinarse en tal forma, que en un mismo plan puedan encontrarse todas las normas de acción aplicables.

De ahí surge la conveniencia y necesidad de que todos cooperen en su formación. Al hablar de la dirección, repetiremos este principio, exclusivamente para distinguirlo del de la unidad de mando.

Si el plan es principio de orden, y el orden requiere la unidad de fin, es indiscutible que los planes deben coordinarse jerárquicamente, hasta formar finalmente uno sólo.

REGLAS SOBRE LAS POLITICAS

Las políticas pueden definirse como los criterios generales que tienen por objeto orientar la acción, dejando a los jefes campo para las decisiones que les corresponde tomar; sirven, por ello, para formular, interpretar o suplir las normas concretas.

La importancia de las políticas en administración es decisiva, porque son indispensables para la adecuada delegación, la cual a su vez, es esencial en la administración, ya que ésta consiste, en "hacer a través de otros".

Sin embargo ¡con cuanta frecuencia se encuentran, aun en autores de gran prestigio, conceptos vagos, imprecisos, y aun falsos sobre las políticas, porque se toman, como si pertenecieran a su esencia, lo que son meras notas accidentales en estos criterios fundamentales de la administración!

En especial suele confundirse a las políticas con los objetivos y con las reglas; por ello trataremos de establecer su diferencia con ambos.

Las políticas, ha dicho alguien, son "el objetivo en acción"; esto es absolutamente cierto. Con todo, no bastaría para definirlas. El objetivo fija las metas, en tanto que las políticas imperan ya la orden para lanzarse a conseguirlas, *señalando algunos medios genéricos para llegar hasta ellas*. Así, v.gr.: el objetivo de un departamento de producción puede ser "obtener óptima calidad"; la política sería "debe obtenerse óptima calidad, para lo cual, los materiales serán seleccionados entre los más finos, el equipo será el de mayor precisión posible, y se laborará a base de un intensivo adiestramiento, sin importar que los costos puedan elevarse".

Las políticas, por otra parte, difieren de las normas concretas, o sea, de las reglas, por su mayor generalidad.

Norma es todo señalamiento imperativo de algo que ha de realizarse, sea genérico o específico; las normas genéricas, son precisamente las políticas, en tanto que las normas específicas son las reglas. Estas se caracterizan porque pueden aplicarse sin necesidad de decidir ningún extremo concreto. Así, v.gr.: es una política: "todo personal que se emplee deberá escogerse en forma de que se logre la máxima coordinación social, ideológica, etc."; la regla relativa sería: "no se admitirá personal que no sea mexicano por nacimiento".

Ordinariamente, la mayor confusión suele surgir entre políticas y reglas: la mayor parte de las normas llamadas "políticas" por muchas empresas, no son más que reglas. Aunque es indiscutible que ambas son necesarias y que, en ocasiones es difícil distinguir cierto tipo de políticas más concretas, con relación a reglas más genéricas, porque casi se tocan, no lo es menos que el criterio principal debe ser éste: la regla no deja campo de decisión o elección al jefe a quien se delega responsabilidad y autoridad, sino tan sólo le permite analizar si el caso concreto que debe resolver, se encuentra o no, comprendido dentro de la regla que se le impone; la política, en cambio, busca señalarle solamente los criterios generales que han de orientar la acción en el mismo sentido; pero, de suyo, no son aplicables por sí mismas, mientras que el jefe subordinado no tome una decisión dentro del campo que esa política dejó a su criterio.

Mooney las ha comparado con los principios generales del Derecho. Así, el principio jurídico: "las leyes odiosas deben ser restringidas, y las favorables ampliadas", puede no aparecer en ningún artículo de una ley; y, sin embargo, inspira, ayuda a interpretar y aun a suplir disposiciones legales. De igual manera, la política de altos salarios, no fija "cuánto se ha de pagar, pero sirve a los jefes encargados de fijar los salarios, para interpretar los casos dudosos, y para suplir las omisiones que puedan tenerse.

Las políticas pueden vaciarse en una disposición concreta, convirtiéndose así en normas; pueden también quedarse como declaraciones generales (propiamente éstas son las que se llaman políticas) para cumplir las tres funciones señaladas: inspirar, interpretar y suplir normas. Se formulan siempre en los altos niveles.

Suelen existir tres problemas en la formulación de las políticas:

a) El primero radica en que, en muchas ocasiones, se considera que para formular una política, basta con usar la expresión: "es política de esta empresa que..."

b) Lo segundo suele ser añadiendo a la regla el término "en lo posible".

c) En tercer lugar, hay reglas que fijan tan sólo márgenes o límites, v.gr.: "el sueldo que los jefes podrán autorizar para tal puesto, deberá encontrarse entre $800.00 y $1,000.00". Es evidente que estos expedientes, u otros semejantes, puedan ayudar a quitar a la regla su rigidez absoluta; sin embargo, *de suyo*, no por ello crean políticas.

Sus especies

Por la forma de originarse se dividen en:

a) *Externamente impuestas.* Estas pueden serlo por la Ley: v.gr.: la política de proporcionalidad de trabajo y salario establecida por la Constitución: (a trabajo igual salario igual); por el Sindicato; v.gr.: las que el contrato colectivo fija para admisión de personal, preferencia de trabajadores, etc., o por la costumbre: v.gr.: la de no admitir mujeres en determinados trabajos. Es muy conveniente que el empresario reconozca la existencia de estas políticas, porque de otra manera su dirección puede ser inadecuada.

b) *Políticas de apelación.* Estas son las que se forman a través de consultas que los jefes intermedios hacen a los superiores; formándose así, por tres o cuatro resoluciones semejantes, una norma de aplicación o interpretación. Son, como alguien ha dicho, "la jurisprudencia administrativa".

c) *Políticas expresamente formuladas.* Son las que de una manera precisa, consciente, y de preferencia por escrito, se formulan con el fin de que sirvan para regir en términos generales un campo.

Por su extensión, pueden ser *generales* y *particulares*. Así, hay políticas como las de rápido crecimiento, de primacía de la función social de la empresa, etc., que se aplican por igual en todos los departamentos y funciones; otras, por el contrario, se refieren a la producción, ventas, compras, contabilidad, finanzas, relaciones públicas, etc. Así, en ventas, las de publicidad agresiva, ampliación de mercados, servicio a clientes, precios, etc.; en personal las de admisión, rotación, remuneración, etc. En finanzas, las de amortización, ampliación de capital, etc., etc.

Las políticas son, como ya señalamos, uno de los medios básicos para poder delegar autoridad, ya que sin ellas, es imposible que el delegado ejecute su función con el sentido que el delegante necesita para lograr los objetivos propuestos.

1a. Regla. De su fijación. Debe cuidarse de que todas las políticas que han de influir la actividad de una sección, departamento, o de toda la empresa, queden claramente fijadas, de preferencia, por escrito.

Hemos visto que hay políticas impuestas, de apelación y expresamente formuladas. Cuando no se cuida de que con toda claridad se fijen y unifiquen, suelen existir políticas contradictorias, quedar muchos casos sin política que los gobierne, etc. La mejor manera de que no se den errores en este sentido, es fijarlas por escrito, aunque por otro concepto estén repetidas en manuales, reglamentos, etc.

2a. Regla. De su difusión. Siendo el fin de las políticas orientar la acción, es indispensable que sean conocidas debidamente en los niveles donde han de ser aplicadas, y que este conocimiento se realice, de preferencia, por medios orales.

Las políticas formuladas y "guardadas", no pueden cumplir su misión en absoluto. Por ello, deben llevarse al conocimiento de todos aquellos niveles para cuya "orientación" han sido dictadas.

3a. Regla. De su coordinación. Debe cuidarse de que exista alguien que coordine o interprete válidamente la aplicación de las políticas, pues, de otro modo, pueden ser diversa y aun contradictoriamente aplicadas.

Como las políticas no son normas concretas, sino principios generales de acción, precisamente por su amplitud y generalidad, se corre el peligro de que unos de los jefes que han de aplicarlas las entiendan de un modo, y otros en un sentido diverso o contrario. Para evitar ese peligro, es necesario que, para cada tipo de política, exista alguien encargado de interpretarlas con *validez oficial.* Así, v.gr.: el Director de Personal, para las de este tipo; el Jefe de la Planta, para las de la producción; el Gerente General, para las generales, etc.

4a. Regla. De su revisión periódica. Debe fijarse un término en el cual toda política sea revisada, con el fin de evitar que se considere como vigente alguna que, en realidad ya no lo está, o que se crea cubierta por las actuales algún nuevo campo que carece en realidad de política al respecto.

Siendo toda organización algo vital, por apelación, por la costumbre, etc., se están creando constantemente nuevas políticas, y dejan de tener vigencia otras. Si no se cuida de revisarlas, se corre el riesgo de creer que hay políticas donde no existen, o de pensar que la acción debe regirse en un sentido, siendo que en realidad debe ocurrir en el contrario.

REGLAS SOBRE LOS PROCEDIMIENTOS

Procedimientos son aquellos planes que señalan la secuencia cronológica más eficiente para obtener los mejores resultados en cada función concreta de una empresa.

Los procedimientos son como "el seccionamiento" funcional de cada acto administrativo. La última división, en opinión de muchos, se da en los "métodos", los que corresponden a unidades de acción de suyo indivisibles. Pero los métodos son ya más bien de carácter técnico, y no siempre administrativos; en cambio, el procedimiento, formado por varios métodos que se articulan en una secuencia, sí lo es. Así, v.gr.: tenemos el procedimiento para tomar decisiones, para seleccionar el personal, etc., y los métodos para realizar una encuesta, base para esa decisión para aplicar pruebas psicotécnicas, etc.

Los procedimientos se dan en todos los niveles de una empresa, pero son lógicamente más numerosos, en los niveles de operación, a diferencia de las políticas que se forman en los altos niveles.

Es característica de los procedimientos, que, en muchas ocasiones, pasan por distintos departamentos, que se hallan bajo distintas autoridades. Ello hace más necesario que deban fijarse con mayor precisión.

Los procedimientos tienden a formar "rutinas", de actividades que, de otra manera, requerirían estudio, discusión, etc., en cada caso. Por ello permiten que el trabajo de administradores más calificados, pueda encomendarse a otros que lo sean menos. Todo procedimiento es, por tal motivo, un "gasto de tiempo", quizá aparatoso, de momento; más sirve para lograr un ahorro permanente en el futuro.

1a. Regla. Los procedimientos deben fijarse por escrito, y, de preferencia, gráficamente.

De esa manera, pueden ser mejor comprendidos, analizados, etc. Así, por ejemplo, las gráficas de proceso, las de flujo, los cuadros de distribución de trabajo, etc., no hacen sino fijar gráficamente los diversos pasos que constituyen un proceso. Ello permite darse cuenta mejor de lo que sobra, lo que falta, lo que puede combinarse mejor, etc. Eliminar, combinar, alterar de orden y mejorar, suelen ser las cuatro reglas básicas que se dan para analizar un procedimiento gráficamente consignado. El hacerlo así, permite también explicarlo mejor, enseñarlo, resolver dudas, etc.

2a. Regla. Los procedimientos deben ser periódicamente revisados, a fin de evitar tanto la rutina (defecto) como la superespecialización (exceso).

Muy frecuentemente se emplean en una empresa procedimientos anticuados o poco eficientes, por una inercia natural. La revisión revelará qué procedimientos pueden ser cambiados, mejorados, etc.

Pero también puede ocurrir que, en el afán de especializar y mejorar, se separen actividades que en determinado momento pudieren ser eficientemente realizadas así, pero que, posteriormente, sólo originan que una misma pieza, forma, documento, etc., esté pasando por diversas manos o departamentos, sin razón alguna. La revisión indicará, en este caso, qué actividades conviene consolidar en una sola persona o departamento.

3a. Regla. Debe cuidarse siempre el evitar la duplicación innecesaria de los procedimientos.

Con mucha frecuencia dos departamentos están haciendo lo mismo, claro que enfocándolo bajo diverso ángulo. Esto puede ser conveniente; pero, en la mayoría de los casos, convendrá dejar un solo departamento o persona encargada de ese procedimiento, del que todos puedan aprovecharse.

REGLAS SOBRE LOS PROGRAMAS Y PRESUPUESTOS

Los programas son aquellos planes en los que no solamente se fijan los objetivos y la secuencia de operaciones, sino principalmente el *tiempo* requerido para realizar cada una de sus partes.

Así como es de la esencia de las políticas el orientar genéricamente la acción, y de los procedimientos el fijar la secuencia de acciones, los programas se caracterizan por la fijación del tiempo requerido para cada una de sus partes.

Los programas pueden ser generales y particulares, según que se refieran a toda la empresa, o a un departamento en particular. Debe advertirse que los términos "general y particular", son relativos, como lo son el género y la especie: así, tan sólo los programas para toda la empresa son siempre generales, en tanto que los de producción, v.gr.: serán particulares en relación con los de toda la empresa, pero serán generales respecto a los programas de mantenimiento, de troqueles, etc.

Los programas pueden ser también a corto y a largo plazo. Suelen considerarse a corto plazo, los que se hacen para un mes, dos, tres seis y hasta un año. Los que exceden de un año (v.gr.: bienales, trienales, quinquenales, etc.) suelen considerarse como programas a largo plazo.

No deben confundirse los programas generales, con los a largo plazo, y los particulares con los "a corto plazo". Puede un programa particular, v.gr.: relativo al adiestramiento, ser para un mes, o para dos años.

1a. Regla. Todo programa debe, ante todo, contar con la aprobación de la suprema autoridad administrativa para aplicarse, y con su completo apoyo para lograr su pleno éxito.

Muchos piensan en que basta con "arrancar" a la gerencia general la aprobación de un programa, aunque no esté plenamente convencida de su utilidad. Cuando no se cuenta con su apoyo completo, fácilmente se tropieza con dificultades al realizarlo.

Para obtener la aprobación de la gerencia es necesario:

a) Presentar los programas con "todos sus detalles": las gerencias suelen no aceptar aquellos programas de los que no se les pueden dar, todos los datos y la respuesta a sus observaciones;

b) presentarlos como una inversión, esto es: tratar de fijar su costo, y los beneficios que habrán de producir, de preferencia, económicamente determinados;

c) fijar un tiempo mínimo para que produzcan resultados: de lo contrario se nos pedirán esos resultados antes de tiempo, y, al no existir, se originará desconfianza en la actuación.

2a. Regla. Debe hacerse siempre "la venta" o convencimiento a los jefes de línea que habrán de aplicarlos.

Es muy frecuente que quienes formulan un programa, una vez aprobado por la gerencia, no consideren que "deben" tratar de convencer de su bondad, beneficios, etc., a los jefes de línea que los habrán de aplicar, sino que consideren solamente que pueden imponerlo. Esto producirá necesariamente resultados pobres, fricciones, bloqueo en su realización, etc.

3a. Regla. Debe estudiarse el "momento" más oportuno para iniciar la operación de un programa nuevo.

Muchas veces un programa fracasa, porque no se escogió el momento adecuado para lanzarlo. Así, v.gr.: iniciar un sistema de incentivos antes de estandarizar operaciones, dará como resultado una gran confusión en la aplicación de aquellos.

Los *presupuestos* son una modalidad especial de los programas, cuya característica esencial consiste en la determinación cuantitativa de los elementos programados.

Se llaman "financieros", si dichos elementos se estiman en unidades monetarias, v.gr.: costos, utilidades, pérdidas, gastos, etc.; son "no financieros", si su cuantificación no se lleva hasta unidades monetarias, sino sólo de cantidades de producción, de ventas, de desperdicios, de horas-hombre requeridas, etc.

Un tipo especial de presupuestos lo constituyen los *"pronósticos"* cuya característica principal es que establecen el número (y a veces los costos, utilidades, etc.) de *unidades que se espera vender, gastar, producir, etc.* Lo básico es que "pronostiquen", con base en la experiencia pasada —proyectada hacia el futuro con la ayuda de instrumentos más o menos técnicos— lo que se espera lograr o realizar.

Los presupuestos suelen considerarse, como ya señalamos en el capítulo III, tanto como instrumentos de planeación, como de control. Precisamente por la trascendental importancia que han adquirido en la administración los dejaremos para el capítulo relativo al control, por considerar que al final de nuestro estudio de la administración pueden conocerse mejor.

TECNICAS DE LA PLANEACION

Las técnicas para formular planes, y para presentarlos, explicarlos, discutirlos, etc., suelen ser las más abundantes y diversificadas dentro de todas las etapas de la administración. La razón es obvia: hay casi tantas técnicas, como formas diversas de planes.

Sin embargo, las más usadas son quizá las siguientes:

a) *Manuales* de objetivos y políticas, departamentales, etc.

b) *Diagramas de proceso* y *de flujo,* que sirven para representar, analizar, mejorar y/o explicar un procedimiento.

c) *Gráficas de Gantt,* que tienen por objeto controlar la ejecución simultánea de varias actividades que se realizan coordinadamente.

d) *Programas* de muy diversas formas, pero, especialmente, los que se presentan bajo la característica explicada atrás, de *presupuestos no financieros, presupuestos financieros* y *pronósticos.*

e) Los sistemas conocidos con el nombre de PERT (Program Evaluation and Review Technique); CPM (Critical Path Method); y RAMPS (Resource Allocation and Multi Project Scheduling), todos los cuales suelen conocerse con el nombre genérico de *Técnicas de Trayectoria Crítica,* porque buscan planear y programar en forma gráfica y cuantitativa, una serie de secuencias coordinadas de actividades simultáneas, que tie-

nen el mismo fin y el mismo origen, poniendo énfasis principalmente en la duración, costo, etc. de aquella secuencia de
operaciones que resulte la más larga y costosa, ya que, de nada
serviría acortar otras secuencias necesarias y colaterales a la
primera, si ésta detiene y dificulta el avance general.

Todas las técnicas de planeación sirven igualmente para
el control, como ya lo hicimos notar en el capítulo III. Por ello,
hemos preferido dejar las de mayor importancia y dificultad
para el estudio de esta última función administrativa, ya que
pueden comprenderse mejor, y aplicarse con mayor acopio
conocimientos y experiencias de todo lo aprendido en el curso
de las diferentes etapas de la administración.

Estudiaremos aquí tan sólo, los manuales de objetivos y
políticas, y los diagramas de proceso.

Concepto de manual

El concepto de lo que es un manual, es de suyo empírico,
variable y fácil de comprender: significa un folleto, libro, car-
peta, etc., en los que de una manera fácil de manejar (manua-
ble) se concentran en forma sistemática, una serie de elementos
administrativos para un fin concreto: orientar y uniformar
la conducta que se presenta entre cada grupo humano en la
empresa.

Existen muy diversos tipos de manuales; mencionaremos
aquí tan sólo algunos de los principales:

a) *Manual de objetivos y políticas:* como su nombre lo
indica, reunen un grupo de objetivos propios de la empresa,
clasificados por departamentos, con expresión de las políticas
correspondientes a esos objetivos, y a veces de algunas reglas
muy generales que ayudan a aplicar adecuadamente las políticas.

b) *Los manuales departamentales:* son aquellos en que se
recogen todas las políticas, reglas, etc., aplicables en cada departamento determinado. Son los que mejor merecen el nombre,
de acuerdo con la definición que hemos dado.

c) *Los manuales del empleado, o de bienvenida:* suelen
recoger todo lo que interesa conocer al empleado en general,
sobre todo al ingresar a la empresa.

d) *Manuales de organización:* son como una explicación,
ampliación y comentario de las cartas de organización, a que

nos referiremos en el siguiente capítulo; en ocasiones contienen, adicionalmente, una síntesis de las descripciones de puestos y las reglas de coordinación interdepartamental.

Diagrama de proceso

Los sistemas de simplificación del trabajo, principalmente los basados en los estudios de movimientos, fueron inicialmente usados en las labores del taller, porque en ellas es más clara y fácil su aplicación. Pero en la actualidad, con las necesarias adaptaciones y modificaciones, se emplean con gran amplitud a los trabajos administrativos y de oficina.

Y existe razón para ello, porque, como lo hace notar un tratadista, la diferencia fundamental radica en que, "mientras que en el taller se procesan o transforman materiales, en la oficina se procesan o tramitan las formas".

En el taller se toma en cuenta al personal, la maquinaria, el equipo y las herramientas, las condiciones del medio ambiente, etc.; en la oficina se consideran los trámites, las formas de documentos o reportes, las formas de registro y estadística, el personal, el espacio, las condiciones, archivos, el equipo y los útiles.

La diferencia, como puede verse, no es esencial, sino accidental, y sólo requiere adaptación de los sistemas para mejorar estos elementos comunes.

Los pasos esenciales en todo proceso son cinco: operación, transporte, inspección, demora y almacenamiento.

Cuando se realizan trámites administrativos, existen también estas mismas etapas, ya que hay:

1. *Operaciones:* como son escribir documentos, hacer cálculos, registrar, sellar, etc. Se representan con O

2. *Transportes:* cómo llevar una carta a un departamento, pasar un reporte, llevar al archivo ciertas formas, etc. Se indican con →

3. *Inspecciones:* como revisar cuentas, analizar un informe, revisar correspondencia antes de su firma, etc. Su símbolo es □

4. *Demoras:* como cartas dejadas en "charola de salida", documentos en espera de su trámite, etc. Se simboliza con ◗

5. *Almacenamientos:* como documentos en el archivo. Su símbolo es △

Tiene especial importancia la revisión de los trámites administrativos, porque, independientemente de que al establecerse las formas de control en la iniciación de operaciones, no se conocía bien la realidad que por ellas iba a ser controlada, toda organización es dinámica y, o bien puede ocurrir que los sistemas iniciales ya no respondan al volúmen de trabajo actual, que sólo entorpecen o dificultan, como también puede suceder que, en el afán por llevar la especialización a su mayor grado, se hayan separado operaciones que podrían estar juntas en una misma persona, con resultados de mayor eficiencia, rapidez y control.

No olvidemos que, los que menos suelen ver estos defectos, son los que están ya habituados a ellos.

Valor de los instrumentos de simplificación

No está por demás precisar que los instrumentos de simplificación, como el Diagrama de Proceso, no substituyen el criterio humano del administrador, pues ese criterio es propiamente el que pensará y sugerirá los cambios que deben hacerse, sino que tan sólo *ayudan* ese criterio. Pero dicha ayuda es de valor incalculable.

Estos instrumentos hacen ver un proceso, en forma tal, que pueda apreciarse separadamente cada uno de sus pasos. Además, nos permiten ver gráficamente esos pasos.

Con estas dos ayudas, nuestra mente puede trabajar mucho mejor, pues no debemos olvidar que sólo puede ver pocas cosas a un mismo tiempo, y, por ello, le cuesta trabajo hacer comparaciones de pasos sucesivos (sobre todo si son numerosos, difíciles y abstractos), pensar más detenidamente qué puede mejorarse, etc.

Los sistemas de simplificación del trabajo de oficina, son pues, exclusivamente "instrumentos para ayudar a la mente a analizar los procesos". Lo esencial es el análisis que se haga. No son, por lo mismo, "recetas" para corregir los defectos o mejorar los procedimientos. Esto corresponde al criterio del supervisor y sus auxiliares, dotados de práctica, y con conocimiento de las necesidades concretas.

Pero este criterio puede aprovecharse en forma incomparablemente mejor, cuando cuenta con estas herramientas, al hacer un análisis sistemático sobre gráficas, con ayudas de ciertas reglas.

Técnica del Diagrama de Proceso

Los símbolos empleados para formular el diagrama de proceso son los señalados antes. Pero existe otra forma, con la sola variante de usar otra manera de simbolizar: las iniciales O - T - I - D - A, que equivalen a Operación, Transporte, Inspección, Demora y Almacenamiento. Usamos aquí estos diversos símbolos para ejemplificar otro modo distinto de representar, y desde luego fácilmente recordable por la palabra "Otida".

Para formular el diagrama de proceso, se deben seguir los siguientes pasos:

1. Hacer la hoja respectiva, que en su encabezado contendrá datos de identificación del proceso, tales como el nombre del mismo, departamento, sección dónde se inicia y dónde se acaba, fecha de elaboración, etc. (ver anexo).

2. El cuerpo de esta hoja, consta de cinco columnas para los símbolos, otra para descripción breve del trámite. otras dos para anotar las distancias de transportes y los minutos de demora por almacenamiento y otra finalmente para observaciones.

3. Se anota, ante todo, la descripción de los diversos pasos que el proceso comprende, y se marcan puntos en las columnas de los símbolos correspondientes, uniéndolos con una línea bien perceptible.

4. Cuando el proceso se ha terminado de describir, se obtienen los totales de operaciones, transportes, inspecciones y demoras, así como de los metros recorridos y el tiempo perdido en almacenamiento y demoras.

5. Estos totales nos indican ya en cierto modo el tipo de acción que conviene tomar. Así, v.gr.: si notamos que los transportes y almacenamientos son exagerados sobre las operaciones o inspecciones, tendremos que deducir que ese proceso puede mejorarse.

6. Hay todavía necesidad de hacer un análisis más profundo, para lo cual debemos preguntarnos:

a) ¿qué se puede ELIMINAR?

b) ¿qué se puede COMBINAR?

c) ¿qué se puede REDISTRIBUIR?

d) ¿qué operaciones se pueden MEJORAR?

Para esto último, en ocasiones será posible usar diagramas de "mano derecha y mano izquierda", y de "hombre y máquina".

Igualmente, las preguntas "qué, quién, dónde, cuándo, cómo y por qué" pueden ayudarnos a encontrar cambios y mejoras factibles, de gran valor.

Algunos puntos para el análisis de gráficas de proceso

Reglas Generales:

1. No dé nada por supuesto. Cada detalle debe ser preguntado e investigado.
2. El mejor instrumental para el análisis, es aplicar las seis preguntas: Qué, Quién, Por qué, Dónde, Cuándo, y Cómo.
3. El método propuesto debe ser analizado bajo las mismas reglas con las que se analizó el método de operación.

Algunas Reglas Particulares:

1. ¿Existe duplicación, total o parcial, de algún esfuerzo?
2. ¿Puede mejorarse alguna operación, combinándola con otra parte del proceso, o realizándola en otro departamento?
3. ¿Puede eliminarse totalmente alguna demora?
   Con frecuencia, el tiempo total de almacenamiento temporal resulta mayor que el de la operación real. En procesos en que lo más importante es la rapidez, debe estudiarse cuidadosamente esta posible eliminación.
4. ¿Puede cambiarse con ventaja la localización de algún almacenamiento parcial o demora?

A menudo puede hacerse.

5. ¿Qué inspecciones pueden combinarse con operaciones? Siempre que sea posible, debe procurarse que toda inspección se combine con alguna operación productiva.

6. ¿Pueden eliminarse, o al menos acortarse, los transportes?

7. ¿Puede obtenerse el flujo directo de un documento, evitando en lo posible todo retroceso?

8. Un nuevo arreglo de la disposición de la oficina, o de la secuencia de las operaciones, ¿permitirían eliminar movimientos innecesarios en el trabajo?

9. ¿Existen algunos pasos —cuellos de botella— que dificulten o entorpezcan notablemente la realización del trabajo? ¿Cómo pueden evitarse?

10. ¿Cómo puede lograrse un flujo de trabajo más uniforme? La eficiencia depende muchas veces, más del ritmo uniforme, que de la rapidez misma de un proceso.

Anexo No. 1.

RESUMEN	Actual		Propuesto		Mejora	
	No.	Mins.	No.	Mins.	No.	Mins.
Operaciones						
Inspección						
Transportes						
Demoras						
Dist. Rec.	Mts.		Mts.		Mts.	

Nombre del Proceso: ——————————

Depto. ———————— Seccs.——————

——————————————————————

☐ Hombre   ☐ Forma   ☐ Trámite

Iniciado en: ——————————————

Terminado en: ————————————

Hecho por: ——————————————

Fecha: ————————————————

No.	Empleado	Descripción	Símbolos					Dist. en Mts.	Tpo. en Mins.	Observaciones
			O	T	I	D	A			

Anexo Nº 2

(Se trata de una empresa que, no obstante tener productos de calidad óptima y haber realizado inversiones muy grandes, había sido desplazada por la competencia, por fallas diversas, sobre todo en la función de ventas).

OBJETIVOS Y POLITICAS GENERALES

A. *Inmediatos*

1. Dadas las condiciones de la empresa, es de urgencia primaria e inmediata aprovechar íntegramente la capacidad productiva de la planta.

2. Debe igualmente buscarse como finalidad imprescindible y urgente, impulsar del modo más enérgico posible las ventas, para conseguir las utilidades adecuadas a la capacidad de producción mencionada antes.

3. Debe lograrse la mejor organización posible del grupo administrativo, con el fin de lograr que sirva de modo más eficaz, a la realización de las actividades que exija el logro de los objetivos anteriores.

4. Para lograr las tres finalidades esenciales e inmediatas anteriores, debe subordinarse, a ellas al menos temporalmente, cualquier otra finalidad, objetivo o política.

B. *Permanentes*

1. Toda la acción de la empresa debe estructurarse sobre la base de fijar cuotas de ventas y las de producción correspondientes, tanto generales como por artículo, por zonas, por vendedores, etc., con el fin de forzar a todos a tratar de alcanzar dichos niveles.

2. Deben delimitarse con toda precisión las funciones, autoridad y responsabilidad que corresponden a cada Jefe en cada uno de los niveles, para evitar duplicidad de mando y fuga de responsabilidad.

3. Debe delegarse el mayor número posible de funciones, para obtener máxima eficiencia en la actividad de los altos ejecutivos.

4. Para hacer benéfica esa delegación, deben establecerse los controles adecuados, con el fin de que los altos niveles puedan corregir, oportunamente, cualquier acción inapropiada.

5. La delegación de responsabilidad y autoridad debe hacerse en forma gradual.

6. A cada nivel de responsabilidad debe corresponder siempre el grado de autoridad respectivo, para que la acción de los jefes sea siempre eficaz y expedita.

7. Debe seguirse como política, que toda acción que salga de las facultades, responsabilidades y límites fijados por escrito, se entiende reservado al jefe superior.

8. En caso de ausencia de un jefe a quien estén fijadas determinadas funciones, autoridad, etc., es responsabilidad del jefe superior, tratar de resolver el problema, informando después a su subordinado.

9. Cuando, por el contrario, falta el jefe superior, a cuya autoridad está reservado un problema, y sólo se encuentra presente un jefe inferior, corresponde a éste tratar de diferir su solución, si es posible, procurando evitar daños a la empresa, y localizar a su superior para obtener su intervención.

10. Debe procurarse que todo problema que implique la acción conjunta de dos o más departamentos o jefes, se realice por medio de comités, bajo la base de que éstos tendrán siempre carácter meramente consultivo. La responsabilidad para la decisión pertenecerá al jefe de más categoría en la función de que se trate, y para la ejecución, al miembro del comité encargado de dicha función.

11. Debe procurarse la celebración periódica de juntas del jefe de cada departamento, con los jefes a sus órdenes, en los mismos términos de lo indicado en el punto anterior.

12. Debe desarrollarse un programa intensivo de Relaciones Públicas, a base sobre todo, de una publicidad de tipo institucional, dirigida a que la empresa se haga

siempre presente a las personas, instituciones y las actividades sociales del lugar en que opera, con el fin de lograr una base sólida para el mayor efecto de la publicidad dirigida a la venta.

13. Deben formularse por escrito, y revisarse periódicamente, los objetivos y políticas dentro de cada división de la empresa, cuidando de tomar en cuenta siempre las que vayan surgiendo en resolución de consultas, por implantación de nuevos sistemas, etc.

OBJETIVOS Y POLITICAS DE VENTAS

A. *Inmediatos*

1. Conservar la preeminencia que la empresa ha obtenido a base de la alta calidad de sus productos, tratando de aprovecharla mejor, como fuerza valiosísima que es, para su problema fundamental de ampliación y reconquista de mercados.

2. Tratar de ganar, de preferencia, los mercados que no están actualmente en manos de la competencia.

3. Organizar las ventas a base de fijación de zonas, y el establecimiento gradual en ellas de gerentes de zona y depósitos, con el fin de acercar el producto al último consumidor y dar mejor atención a éste.

B. *Permanentes*

1. Planear siempre las ventas sobre la base de una investigación de mercados y análisis de la fuerza de la competencia.

2. Fijar técnicamente cuotas de ventas, y estimular a todos a alcanzarlas y superarlas.

3. Seleccionar técnicamente, y dar un adiestramiento sistemático, a los agentes vendedores.

4. Supervisar en forma más directa la actividad de éstos, por medio de los agentes de zona y el supervisor o promotor de ventas.

5. Estudiar los sistemas de remuneración e incentivos más eficaces para estimular a los vendedores.

6. Investigar constantemente y en forma técnica, qué piensan los clientes respecto de la empresa y sus productos, para tomar las medidas adecuadas.
7. Sistematizar del mejor modo posible la atención a los clientes especiales por medio de visitas, cartas, etc.
8. Atender con mayor detalle la función de ventas al menudeo, buscando dar ayuda, servicio y orientación al último distribuidor (minorista).
9. Realizar campañas de publicidad en los tiempos que se escojan como más eficaces, y medir su efectividad.
10. Llevar control estadístico de ventas.

OBJETIVOS Y POLITICAS DE PRODUCCION

1. Coordinar las actividades de producción con las de ventas del modo más eficiente posible, a base de juntas, reuniones, consultas, etc.
2. Siendo la producción de esta empresa de tipo industrial, buscar como meta la simplificación, sin perjuicio de la diversificación posible.
3. Producir siempre a base de cuotas fijadas de antemano.
4. Investigar constantemente nuevos productos, tipos, etc., sobre todo en relación con los avances de la industria o la cobertura de líneas complementarias.
5. Medir la productividad en cada línea de producción.
6. Tratar de conseguir siempre el máximo aprovechamiento de las maquinarias y equipo, en forma de que estén inactivos el menor tiempo posible.
7. Fijar programas de producción, buscando que ésta resulte normal y fluida, con el fin de evitar trabajo en horas extras, en razón de su mayor costo.
8. Adoptar o mejorar sistemas de mantenimiento preventivo, para conseguir menor número de tiempos perdidos, mayor duración del equipo, etc.
9. Extender y afinar los sistemas de control de calidad usados.
10. Fijar y revisar los niveles de inventarios de materias primas, herramientas, etc., buscando que no sobrecarguen innecesariamente los costos, ni se retrasen o dificulten exigencias imprevistas de producción.

11. Dar gran importancia a la selección, adiestramiento y motivación de los supervisores inmediatos o mayordomos, por su influencia decisiva en la producción.
12. Antes de realizar cualquier cambio que implique erogaciones importantes en maquinaria, instrumental, sistemas, etc., tratar de determinar si aquellas podrán ser recuperadas oportunamente.

OBJETIVOS Y POLITICAS DE FINANZAS

1. Tratar de obtener una mayor rotación del capital, como base principal para lograr mejores utilidades.
2. Dar una mejor atención al establecimiento y operación de registros financieros, contables, estadísticos, etc., con la finalidad principal de utilizarlos como medio de control, y para que sirvan a la vez como base de previsión para formular pronósticos.
3. Afinar los sistemas de costos y de control de utilidades, por cada línea, producto, zona, etc.
4. Tratar de mejorar y ampliar los presupuestos, llevándolos con el mayor detalle posible, por departamento, sección, etc., coordinándolos todos en un presupuesto general.
5. Definir con toda precisión las responsabilidades financieras que puedan corresponder a cada jefe, señalando con toda precisión sus límites respecto al monto de lo que pueden decidir, la naturaleza de las decisiones que pueden tomar, etc.
6. Fijar el máximo de créditos que pueden concederse, tanto en general, como por zonas, vendedores, clientes, etc., buscando sobre todo que no se recarguen los costos.
7. Tratar de conseguir para la empresa la situación financiera más apropiada, fijando políticas y normas respecto de amortizaciones, reinversiones, utilidades mínimas, etc.

CUESTIONARIO

1. Enuncie Ud. las razones que considere más apropiadas para demostrar que la planeación es tanto o más importante que la ejecución administrativa.
2. ¿No existe oposición entre los principios de la precisión y de la flexibilidad? Explique Ud. cómo pueden compaginarse y completarse ambos principios.
3. ¿Cuál es a su juicio la diferencia entre objetivos y políticas?
4. ¿Cuál es la distinción que existe entre políticas y reglas?
5. ¿Cómo se pueden clasificar las políticas?
6. Enuncie Ud. las reglas referentes a las políticas.
7. ¿Qué es un procedimiento? ¿Cuál es su diferencia con un método?
8. ¿Cuál es el beneficio de fijar con precisión los procedimientos, de preferencia, en forma gráfica?
9. Enuncie Ud. las reglas básicas referentes a los procedimientos.
10. ¿Qué diferencias podría Ud. señalar entre procedimientos, programas, pronósticos y presupuestos?
11. ¿Cuál es la característica distintiva de un programa?
12. Enumere Ud. los principales tipos de programas, y precise qué es lo que los distingue.
13. ¿Cuáles son las reglas fundamentales relativas a los programas?
14. ¿Por qué se ha afirmado que los presupuestos son uno de los instrumentos de mayor importancia en la Administración?
15. ¿Qué es un manual? ¿Cuáles son sus principales tipos?
16. ¿Qué es un Diagrama de proceso? ¿Para qué sirve?
17. ¿Qué debe contener un manual de organización?
18. ¿Cuántas formas existen para simbolizar los elementos de un proceso? ¿Cuál le parece más práctica?
19. ¿Cómo se hace un Diagrama de Proceso?
20. ¿Cómo se analiza un Diagrama de Proceso?

IMPRESO EN PROGRAMAS EDUCATIVOS, S.A. DE C.V. • 1015656 000 06 97 518